순수하고 완전한 미(美)는 발달된 문명의 목표가 되어야 한다.

— 로웨나 리드 코스텔로

디자인의 요소들
ELEMENTS OF DESIGN

2012년 1월 3일 개정판 발행 ✪ 2020년 2월 21일 개정판 5쇄 발행 ✪ 지은이 게일 그리트 하나 ✪ 옮긴이 김선희
펴낸이 김옥철 ✪ 주간 문지숙 ✪ 편집 정은미 민구홍 김은영 ✪ 디자인 신혜정 ✪ 표지 디자인 안마노
커뮤니케이션 이지은 ✪ 영업관리 한창숙 ✪ 인쇄 한영문화사 ✪ 제책 다인바인텍 ✪ 펴낸곳 (주)안그라픽스 우10881
경기도 파주시 회동길 125-15 ✪ 전화 031.955.7766(편집) 031.955.7755(고객서비스) ✪ 팩스 031.955.7744
이메일 agdesign@ag.co.kr ✪ 웹사이트 www.agbook.co.kr ✪ 등록번호 제2-236(1975.7.7)

ELEMENTS OF DESIGN
Copyright © 2002 Princeton Architectural Press
Korean Translation Copyright © 2012 by Ahn Graphics Ltd.
All rights reserved.
Korean translation rights arranged with Princeton Architectural Press.

이 책의 국립중앙도서관 출판예정도서목록(CIP)은 서지정보유통지원시스템 홈페이지
(seoji.nl.go.kr)와 국가자료공동목록시스템(www.nl.go.kr/kolisnet)에서 이용하실 수 있습니다.
CIP제어번호: CIP2014008349

ISBN 978.89.7059.616.7 (13630)

디자인의
요소들

로웨나 리드 코스텔로와
시각적 상호관계의 구조

게일 그리트 하나 지음

김선희 옮김

안그라픽스

차 례

한국어판을 발간하며

"이 책이 한국어로 소개된다는 것은

한국의 디자이너들과 건축가들,

그리고 시각적으로 교육을 받고자 하는

이들에게도 매우 뜻깊은 일이라

생각한다. 이 책의 아이디어들은

국제적인 가치를 지닌 디자인에 대한

근본적인 접근 방식을 제공한다."

- 크레이그 보겔

게일 그리트 하나
GAIL GREET HANNAH

지은이

로웨나 리드 여사는 은퇴 후에도 오랜 동안 후학들을 가르쳤다. 그녀의 말년에 친구로서 차 한 잔이나 점심을 같이하기 위해 그녀의 스튜디오를 찾을 때면, 우리의 대화는 언제나 그녀가 일생을 두고 연구해 왔던 3-D 디자인을 가르치고 이해하는 것을 위한 원리로 돌아가곤 했다. 내 생각에는, 리드 여사가 자신이 오랫동안 계획해 왔던 책을 쓰는 일은 할 수 없게 될 것을 알고, 자신의 그러한 아이디어들을 계속해서 설명하는 가운데, 다른 사람들에게도 전수될 수 있게 했던 것 같다. 내가 그 작업을 수행하는 데 한 부분을 맡게 될 수 있었던 것은 행운이다.

이 한국어로 출판되는 〈디자인의 요소들 Elements of Design〉은 국제적으로 점점 더 많은 독자들에게 로웨나 리드가 이룬 중대한 공헌을 전하는 데 일익을 담당하게 될 것이다. 역자 김선희의 한국어판 번역 작업은 "시각적 상호관계에 대한 구조를 이해하는 능력은 각기 다른 나라들 간의 국경이나 문화적 경계선을 넘어서는, 타고난 인간의 재능"이라고 믿었던 리드 여사의 신념과 확실하게 일치하는 그녀의 노력이 이루어낸 산물이다. 리드 여사는 외국의 학생들이 자신의 고유 언어를 통해 그녀의 통찰력을 배우고 이를 바탕으로 우리 모두가 함께 공유할 수 있는 시각적 언어를 이해할 수 있게 된 것에 대해 매우 기뻐할 것이다.

크레이그 보겔 CRAIG M. VOGEL

미국 산업디자이너협회 위원(FIDSA)
신시내티 대학(University of Cincinnati) 디자인 연구소 소장

말년에는 자신의 성을 따 리드 여사로 불려지길 원했던 로웨나 리드 코스텔로는 20세기 교육, 조각, 제품디자인, 건축 분야를 위해 가장 포괄적인 방법론을 개발했다. 적어도 반세기 동안의 디자이너들과 수천 개의 디자인 작품들이 그녀의 아이디어와 가르침에 의해 영향을 받았다. 이 책은 그녀가 가지고는 있었지만 생을 마치기 전까지 결코 깨닫지 못했던 꿈을 이행한 것이다. 내가 이 뜻깊은 작업에 내 생각을 기고할 수 있고 동참할 수 있게 된 행운에 감사한다. 나는 디자인의 표현과 사고에 대한 강의에 이러한 아이디어를 활용해 왔다. 그리고 그것은 나의 삶을 근본적으로 바꾸어 나를 교육자의 길로 걷게 하는 계기가 되었다. 그녀의 접근 방식은 여전히 형식적인 표현을 위해 아주 적절할 뿐만 아니라 창의적인 사고를 가르치도록 도와준다.

이 책이 한국어로 소개된다는 것은 한국의 디자이너들과 건축가들, 그리고 시각적으로 교육을 받고자 하는 이들에게도 매우 뜻 깊은 일이라 생각한다. 이 책의 아이디어들은 국제적인 가치를 지닌 디자인에 대한 근본적인 접근 방식을 제공해 준다. 어떠한 문화적 배경을 가진 디자이너든 형태와 구성을 위해, 그리고 그들 각자의 개성, 문화적 배경, 시대의 흐름을 함께 결합하고 수정하여 그들만의 디자인 방향을 설정하기 위해 이 근본적인 접근 방식을 받아들일 수 있는 것이다. 그것은 시각적 능력을 넘어 언어로 표현할 수 없는 방식으로 생각하는 방법을 배우는 데 소중한 가치를 지닌다. 이 접근 방식은 시각적으로 우리에게 도움을 주는 만큼이나 개념적으로도 다른 방식으로 그 세계를 해석하고 볼 수 있도록 도와 줄 것이다. 이 책은 그냥 읽고 이해 할 수 있는 책이 아니다. 이 책이 전하는 내용을 깊이 이해하기 위해서는 실제로 연속적으로 이어지는 과제를 해결해 나가야만 하는 것이다. 리드 여사는 그 접근 방식이 음악의 기본을 배우는 것과 유사하다고 말하곤 했다.

Craig M. Vogel

레오나드 바시치
LEONARD R. BACICH

프랫 인스티튜트(Pratt Institute) 3-D 디자인 교수

이 책, 〈디자인의 요소들 Elements of Design〉은 20세기 산업디자인의 역사를 바로 세우는 데 중대한 공헌을 하였다. 그리고 그 중심에는 로웨나 리드 코스텔로가 있다.

그 동안 이 책을 번역한 김선희 교수에게 성원을 보낸다. 그녀의 노력 덕분에 유학 시절, 로웨나의 영향을 받았던 많은 한국 학생들이 그 특별한 시기를 회상하는 즐거움을 맛보게 될 것이다. 또한 오늘날 우리 디자이너들은 전세계의 디자인 인재들을 포섭한 이 추상적 원리에 접근하는 것으로 그 보상을 받게 될 것이다.

이미 이 분야를 개척한 개개인의 업적과 정체성은 우리에게 잘 알려져 있다. 그것은 도전하는 정신과 다양한 색깔로서, 꿈의 실현을 추구하는 큰 포부를 지닌 젊은 세대의 인재들을 이끌어 가게 도와준 로웨나의 노력이 거둔 대표적인 성공 사례이다. 그녀는 참다운 스승이었다. 이 역할을 통하여, 로웨나는 산업디자인 분야에서 일찍이 이 분야의 종사자들이 해내지 못했던 어떠한 확실성을 주었다. 로웨나 리드와 알렉산더 코스텔로, 그리고 그들이 길러낸 젊은 예술가, 조각가, 전문가들이 이처럼 미개발된 분야에 뛰어들고자 했던 야심찬 디자이너들을 위해 그 길잡이가 될 지도를 만들어낸 것이다. 그들은 그 접근에 있어서는 시간을 초월한 교육을 위한 접근 방식을 고안하였고, 시기 적절하게 그것을 적용하였다.

로웨나에게 가르침을 받는 특혜를 누린 우리 모두는 그것이 얼마나 특별한 경험이었는가를 안다. 로웨나는 우리의 재능을 발굴하고 그녀의 눈을 통해 실행해 나가도록 하기 위해 우리를 초대하였다. 이 책은 그 탐험을 여러분과 함께 나누기 위한 긴 여정이다. 우리는 리드 여사 덕분에 우리 생활에 우아함과 아름다움을 더해주는 우리의 꿈이 현실화 되는 것을 보기 위해 노력할 수 있게 되었다.

터커 비마이스터
TUCKER VIEMEISTER

미국 스프링타임(Springtime) 대표

'미(美)'라는 것은 지적임과 동시에 물리적인 것이다. 이 책은 그것을 교육하기 위한 시스템이 어떻게 추상적인 시각적 상호관계의 분석에 기초를 두고 있는가를 보여준다. 그 진행 과정이 건축, 그래픽 디자인, 미술의 모든 분야에 같이 적용되기 때문에, 그것은 이들 분야에서 표현하는 모든 형태들에 대해 똑같이 효과적이다. 나는 매일 나의 디자인 작업에 이 개념을 적용하고 있고, 다른 많은 훌륭한 디자이너들도 그렇게 하고 있다. 이러한 실습들은 여러분의 손과 눈 그리고 마음을 연결시켜 어떻게 우리가 사는 세상을 더 아름답게 만들 것인가를 가르쳐 줄 것이다. 그리고 로웨나는 우리에게 가르쳐 주었다. "여러분이 그것을 더욱 아름답게 만들 수 없다면, 무슨 의미가 있겠는가?"

이 책은 디자이너의 분석 능력에 필수적인 예리한 감각을 키워주고, 교사들이 필요로 하는 테크닉적인 면과 교육 방법, 그리고 학생들이 추상적 개념의 디자인을 위해 체계적으로 접근하는 방법을 배우도록 해준다.

역자 김선희는 뉴욕 프랫에서 연구 교수로 지내는 동안 이러한 방법들을 익혀왔고, 이제 디자이너와 교육자로서의 그녀만의 특별한 통찰력을 통해 이 책을 한국어로 번역하고 재해석하여, 이 교육 방법을 한국의 교육자들과 디자이너들에게 소개하는 커다란 성과를 이루게 되었다.

데보라 존슨 DEBERA JOHNSON

프랫 인스티튜트(Pratt Institute) 산업디자인과 학과장

로웨나는 놀라운 교육자였다. 그녀의 가르침을 직접 받을 수 있었던 것은 우리에게 정말 행운이었다. 이 책, 〈디자인의 요소들 Elements of Design〉은 추상적인 시각적 원리의 적용과 연구를 위한 그녀의 열정과 헌신이 다시 살아 돌아 온 것이라고 볼 수 있다. 그리고 그것은 프랫 인스티튜트 산업 디자인과의 3-D 프로그램을 진행해 온 우리 교수진에게 활기를 불어넣어 주었다.

프랫에서 연구 교수를 지내온 역자 김선희는 지난 1년 동안 이 책을 한국어로 번역하고 재해석하여 용어들을 정리하는 작업을 시도해 왔다. 그리고 이제 그 작업은 놀라운 성과를 이루었다. 지금 한국에서 교육을 하고 있는 많은 우리 졸업생들과 한국의 디자이너들이 프랫에 있는 우리 모두가 혜택을 받고 있는 것처럼 이 책을 통해 많은 것을 얻게 되길 바란다.

옮긴이의 글

이 책은 입체를 다루는 작업을 하는 예술가, 건축가, 디자이너들을 위해 3차원적(3-D) 세계와 그 상호 관계를 소개하는 것으로, 기초 원리의 체계적인 실습과정을 통해 창의적인 표현 방식과 시각적 능력을 키워줄 것이다.

역자가 이 책의 내용을 처음 접한 것은 뉴욕 파슨스(Parsons School of Design) 기초과정에서 3-D를 강의하고 있던 당시, 현재 미국 스프링타임(Springtime) 디자인 회사 대표이자 이 책을 디자인한 터커 비마이스터가 내게 건네준 한 장의 CD로 인해서였다. 얼마 후, 역자가 프랫(Pratt)에서 연구 교수로 지내던 당시, 마침내 그것이 책으로 출판되어 나왔고, 이를 번역하는 계기가 마련되었다.

로웨나와 그녀의 제자들이 이것을 문서화하기 시작한 지 20년이란 긴 세월이 지나서야 책으로 출판될 수 있었던 데는 그만큼의 노력과 시간을 필요로 하는 이유들이 있으리라고 짐작은 했지만, 실제로 번역 작업에 들어간 후에 역자는 이 조그마한 책에 지난 1년간을 고스란히 파묻혀 지내야 했을 정도로, 이 일이 단순한 번역 작업이 아님을 다시금 절감했다. 로웨나의 '추상적인 시각적 상호관계'를 분석해 나가는 체계적인 작업 진행 방식과 그 당시의 상황을 설명한 디자이너들의 간결한 논평들을, 마치 아름다운 시를 읊듯이 그 추상적 개념을 표현함과 동시에 명확한 디자인 방향을 제시해 주는 원서의 섬세하고 세련된 감각이 손상되지 않도록 재해석하여 옮기는 일은 그야말로 많은 노력과 인내가 필요한 작업이었다. 하지만 이로 인해 내가 얻을 수 있었던 것은 헤아릴 수 없을 만큼 많았으며, 이 책이 우리 말로 번역되어 국내에 소개되기까지 비록 작지만 한 역할을 할 수 있었던 것에 감사한다.

이 책은 디자인 교육에 평생을 바친 로웨나 리드 코스텔로의 생애와 그녀가 마지막 30년 동안 가르쳤던 모든 3차원적 기초 학습에 대한 실습 과정을 포함하여 몇 가지 발전된 단계의 3차원 실습과 공간분석 실습으로 진행되고 있다. 이 실습 과정은 간단한 형태 작업으로 시작하여 복잡한 관계로 진행되는 방식으로, 학생들에게 객관적인 시각에서 학습을 통해 자신의 아이디어가 가지고 있는 가능성을 깨닫게 해줄 것이다.

이 책에서 소개되는 디자인 용어들은 3차원적(3-D) 형태에 대한 시각적 상호관계를 보여주는 로웨나 리드 특유의 매우 창의적이고 추상적인 개념의 용어들로서, 이러한 것들이 바로 그녀의 방법론에 대한 이론적 체계를 이끌어가고 있다. 예를 들어, 역자는 그녀의 이론에서 깊이 있게 다루고 있는 추상적 개념의 기초 용어로서 'POSITIVE/NEGATIVE'의 의미를 일반적으로 쓰이는 '양/음'의 표현 대신에 '적극적(positive)/소극적(negative)' 개념으로 표기하는 등, 그 단어 자체의 일반적인 의미보다는 그 개념을 이해하기에 적합한 표현을 찾는 데 초점을 두었다. 또한 소극적 볼륨(negative volume)의 표기에서 '볼륨(volume)'의 개념은 상황에 따라 때론 입체를 나타내기도 하고 때론 공간을 표현하기도 한다. 따라서 '입체'라고 옮겼을 때, 그 의미를 한정시킬 우려가 있으므로, 이것을 함께 표현할 수 있고 우리 분야에서도 이미 익숙해져 있는 원어의 '볼륨'을 그대로 표기하였다. 이와 같이 기초 원리의 독창적이고 추상적인 용어들을 가능한 한 적합한 우리말 디자인 용어로 바꾸고 원어 표기와 함께 하는 것으로 그 의미를 최대한 정확하게 전달하고자 노력했다.

3차원(3-Dimensional) 디자인 실습은 직접 눈으로 보고 손으로 만지면서 그것을 느끼는 것을 통해서만 체험할 수 있는 것이다. 오늘날 컴퓨터와 미디어는 우리에게 하이 테크놀로지로서의 도구를 제공하였지만, 그에 대한 높은 의존도로 인해 우리 디자인 교육의 방향은 또 다른 측면에서 그 한계점에 이르고 있는 상황이다. 이제 우리는 기초 원리를 통해 디자인의 요소들에 익숙해지고 시각적 능력을 향상시켜 더욱 고도화된 하이테크놀로지의 도구들을 이용한 새로운 시도와 창의적인 표현 방식들을 완성해 나가야 한다. 다시 말해, 다시 근원적인 해법으로 돌아가서 체계적인 교육 과정을 통해 기초 원리를 배우고 익힘으로써, 새로운 재료와 기술을 위한 새로운 형태를 제시할 수 있는 디자이너를 양성하는 일이 우리의 과제로 남은 것이다. 로웨나는 그 방법을 가르쳐주었고 이제 우리가 그것을 실행해 나가야 할 때가 온 것이다.

추천사를 통해 우리에게 뜻 깊은 메시지를 보내 준 크레이그 보겔(Craig M. Vogel), 게일 그리트 하나(Gail Greet Hannah), 데보라 존슨(Debera Johnson), 터커 비마이스터(Tucker Viemeister), 레오나드 바시치(Leonard R. Bacich)의 깊은 배려에 경의를 표한다. 그 동안 이 책이 나오기까지 아낌없는 격려와 도움을 준 분들께, 그리고 로웨나 리드의 열정과 헌신에 감사한다. 아직 미흡하지만 우리말로 번역되어 나온 이 책을 통해 그녀의 감성과 열정을 우리 교육자들과 디자이너들, 그리고 우리 학생들에게 고스란히 전해 줄 수 있길 바란다. '형태의 창조자'로서 디자이너의 가장 근본적인 역할을 강조한 로웨나는 나에게도 역시 아름답고도 심오한 디자인의 원리를 가르쳐 주었다.

Make it beautiful!

2005, 뉴욕에서 김선희

파올라 안토넬리 PAOLA ANTONELLI

뉴욕 현대미술관
건축 디자인 큐레이터

순수하고 완전한 미국의 미(美)

미의 개념에 대해 이념적 논쟁을 해온지 수십 년이 지난 후에야, 비로소 우리는 '미(美)'라는 단어를 다시 편하게 사용할 수 있게 되었다. 그것은 새로운 개념의 미(美)로서, 인간적이며 내재적인, 수많은 사람들의 눈으로 확인된 '미'라고 할 수 있다. '순수함'과 '완전함'이라는 특성으로 미의 최상의 원리를 강화하고, 미의 추구를 디자이너의 의무로 강조한 열정가 로웨나 코스텔로(Rowena Kostellow)의 좌우명은 오랜 세월동안 지속되어 온 디자이너의 사회적 사명에 대한 메아리를 전해주었다. 그녀의 철학에서 미(美)라는 것은 자신의 생애를 바칠 수 있는 몇몇 특별한 사람들에게만 주어지는 것으로, 피나는 노력과 군더더기들을 제거해 나가는 과정을 통해 얻게 되는 최상의 어떤 것이다. 로웨나 코스텔로의 작업을 공부한다는 것은, 그러므로 엘리트(디자이너)들의 임무가 미를 창조하고 그것이 대중화될 수 있도록 만드는 것이었던, 또 다른 과거로 뛰어드는 것과도 같다.

정형적이며 지적인 로웨나의 미의 원리에 대한 명료성은 미국 디자인의 전형적인 성향을 두드러지게 하였다. 대부분의 미국 문화와 마찬가지로, 미국 디자인은 오랜 기간 동안 대중주의와 엘리트주의로 나뉘어져 혼란을 겪어왔다. 다시 말해, 대중주의를 상징하는 타퍼웨어(Tupperware: 미국, 플라스틱 주방용 밀폐용기 회사)의 유용성과 혁명적인 미, 그리고 엘리트주의를 상징하는 마르셀 부르어(Marcel Breuer) 가구의 난해하고 배타적인 미의 개념 사이에서 끊임 없이 갈팡질팡해왔다. 그러나 타퍼웨어와 마르셀 부르어 가구의 서로 다른 두 경향은 각기 브랜드 디자인이나 제품 완성도에 있어서 디자인의 우수성을 보여준다. 진정한 미국 디자인으로 향하는 기나긴 여정은 국가의 강력한 계층구조 시스템의 부산물로서 이러한 분열 양상을 반영해왔다.

자크 데리다(Jaques Derrida), 베씨 존슨(Betsey Johnson), 그리고 페드로 알모도바르(Pedro Almodovar)와 같은 포스트모더니즘 사상가들에 따르면, 미(beauty)라는 것은 의지(intention), 새로움(novelty), 구성(composition), 자세(attitude)로부터 나오는 것이지, 모더니즘에서의 미의 개념과 형식상 같은 종류의 축소된 개념에서 나온 것은 아니다. '완전한 미'에 대한 낡은 개념으로부터의 해방은 현 세기의 가장 큰 업적 중 하나이다. 또한 '스타일 민주주의'의 이상은 건축과 디자인 분야에서 계속 순환되고 있는 주제이다. 오늘날의 미는 디자인, 도시 패션, 건축에서도 볼 수 있듯이 개성과 구성에 달려 있다. 새로운 것과 이미 존재했던 것들을 샘플링하고 조합하여, 그것을 놀랍도록 새로운 광택으로 마무리하는 힙합 음악은 현대적 미의 전형적인 예라고 할 수 있다. 말하자면, 그것은 통합적인 것과 개개인의 재능을 토대로 이루어진 것이다. 음악과 마찬가지로 패션도 '스타일'이라고 불리는 최종 결과물에서 민주적 개인주의의 성공적인 징후를 보여준다. 패션은 미(美)라는 것이 개인적 취향을 지지함과 동시에 현실에 부합하고, 그 개개인이 디자이너나 어떤 권위자의 지위에 오를 수 있고, 또 그래 왔다는 것을 보여준다.

1800년대 초, 미국은 심리적으로 유럽의 우아한 귀족풍을 모방하기 위해 애쓰는 유럽의 식민지였다. 부유층의 가구는 대부분 수입되었고, 중산층 또한 사치품과 스타일에 대한 동경으로 모조품들을 사들였다. 19세기 쉐이커 교도들은 미국 현대 디자인의 원형을 마련하였다. 쉐이커의 가구와 내부 건축은 그들의 배경을 직접적으로 나타내주는 절제와 정직을 그대로 담아내고 있으며, 재료는 그것의 특성에 걸맞게 조화롭게 쓰여졌다. 이는 오늘날 디자인의 우수성을 정의하기 위해 많이 사용되는 원칙으로, 미국 디자인 사학자 아서 풀로스(Arthur Pulos)가 그들의 디자인에 대해 '기능적 진보에 의한 자연적 부산물로서의 미의 원리'라고 정의한 것에 부응하는 것이었다.

헨리 포드(Henry Ford)의 1920년대 상징적인 T모델 실험 후(1914년, 포드는 T 모델 실험을 시작으로 자동차의 본격 양산체제에 돌입하게 됨), 1950년대의 미국인들은 이 이상적 개념에 가장 가깝게 접근하였다. 그 당시는 헛된 전쟁 산업에 흘러 들어 가던 자원이 다시 민간인과 일반 가정에서 사용될 수 있도록 전환되는 시기였다. 이러한 자원들은 찰스, 레이 임스(Charles, Ray Eames)와 같은 위대한 디자이너들과 익명의 엔지니어들에 의해 급속히 성장하는 중산층에 새롭고 깨끗하고 실용적이며 편리한 환경을 제공하기 위해 재탄생되었다. 현대 미술 박물관과 하버드 대학교를 대표로 하는 미국 동부 연안의 귀족풍 건축물은 이민세대 모더니스트인 발터 그로피우스(Walter Gropius)와 미스 반 데어 로에(Mies van der Rohe)의 시각을 이상적으로 받아들였다. 서부와 중서부의 '현대 생활'을 위한 건축과 디자인은 이론이 아닌 실생활을 위한 제안이었으며, 경제성의 원리에 입각한 실 를 제시했다. 이것은 미국인의 감수성과 이상주의의 상징들이었다.

로웨나는 신성하고 절대적이며, 니체 철학 부류의 유럽 모더니즘 미학에 대해 지속적으로 연구해왔다. 그녀는 유럽 모더니스트들의 이상이 더 이상 수입품으로서 존재하는 것이 아닌, 신세계(미국)의 문화에 흡수되기 위해 변화되어야 한다는 것을 실감했다. 이러한 기나긴 민주적 과정에서 인식한 첫 단계로, 그녀는 교육자로서의 정열적인 활동 기간 동안, 학생들에게 최상의 것에 대한 명확한 아이디어와 그것을 성취하기 위한 방향을 제시해 주었디. 장차 유럽 문화의 사슬로부터 자유로워지고 자국 문화를 본질적으로 고양시키기 위해 미래에 대한 선택을 할 수 있는 그들에게 그 능력을 키워준 것이다.

에밀리오 엠바즈 EMILIO AMBASZ

건축가, 디자이너
전 뉴욕 현대 미술관 건축 디자인 큐레이터

로웨나 리드 코스텔로를 만나는 영광을 갖지 못했던 것은 참으로 유감스러운 일이 아닐 수 없다. 하지만 제자들의 진술만으로 짐작해 보더라도 그녀는 대단한 스승이었음에 틀림없다. 그녀는 모든 학생들의 아이디어를 매우 존중하는 마음으로 받아들였다. 그리고 그 속에 담겨있는 상상력의 씨앗을 보고, 그것이 꽃필 수 있도록 해주었다. 말하자면 그녀 자신이 토양이자, 곧 비였던 것이다. 나는 그녀가 학생들이 수줍어하며 내놓는 아이디어를 관찰하는 모습, 밀알의 겨를 추려내는 모습, 씨앗이 하나의 식물로 자라날 수 있게 하는 그녀만의 독특한 마법 속으로 학생들을 끌어 들이는 모습을 쉽게 그려 볼 수 있다. 마법사들이 그렇게 가르치는 것처럼, 그녀는 본보기가 되어 가르쳤다.

산업디자인은 지적인 직업이다. 상표라는 개념에 익숙치 않았던 시절에는 궁극적으로는 공예품을 생산하는 예술과 공예 분야의 전문직이라고 불려졌을 것이다. 그러나 로웨나는 학생들로 하여금 그들의 임무가 기능적인 형태를 만드는 데 그치는 것이 아니라 실용적이며 감성적인 개념을 해결하는 창작 행위에 종사하는 것임을 결코 잊지 않도록 하였다. 그녀의 엄격한 가르침 중 하나는 새로운 제품을 디자인 할 때 사용자의 요구 사항을 따르는 것은 필요 조건이긴 하지만, 그것이 디자인의 중요한 본질을 채택하는 것을 위한 충분 조건은 아니라는 것이다. 제품은 정신과 지성의 형식적 통합체를 표현해야 한다. 다시 말해서, 지성적일 뿐만 아니라 가슴 깊이 감동을 전할 수 있어야 하는 것이다. 그렇지 않으면 그것은 풍요로운 생활을 이루는 데 공헌하는 바 없이 목적을 달성하는 데만 급급한 무미건조하고 생명력 없는 하나의 도구에 지나지 않게 될 것이다.

학생들 앞에서 직접 창조적인 작업을 보여주는 방식으로 진행되는 로웨나의 교육방식은 비록 수업을 하는 중에 그녀가 몹시 고양되어 스스로를 압도할 수는 있었겠지만, 학생들을 압도하려고 하지는 않았다. 철두철미한 교육자, 그 자체였던 그녀는 창조라는 행위가 '외롭고도 두려운 도약'이라는 사실을 숨기지 않았다. 학생들이 마지막 순간까지 그녀의 손을 잡으려고 하더라도, 그들 스스로 뛰어오를 수 있어야 한다고 가르쳤다. 또한 그러한 도약을 위한 훈련이 가능하다는 것을 깨닫게 하였으며, 자신이 그러한 질문과 제안들에 도달하기 까지 겪은 정신적 과정들을 학생들에게 모두 드러내 보였다. 그녀는 3차원(3-D) 작업에서 상호관계의 체계적인 구성으로 형태들간에 외관상 서로 단절되어 보이는 문제들을 줄일 수 있도록 각기 학생들에게 알맞은 방법을 제시하는 것에 매우 탁월했다. 본질적으로, 그녀는 방법(method)이라는 단어가 '길'이라는 뜻을 가진 그리스어 'methodos'에서 나온 것임을 결코 잊지 않았던 것이다.

창의성을 높이 평가하는 우리 분야에서는 이미 성공이 보장된 방법을 다시 사용하는 것은 새로운 요구를 만족시키기에 부족한 것이라고 보는 경향이 있다. 따라서 로웨나는 학생들에게 비슷한 문제들에 대해 기존의 해결책을 찾아 선택하는 방법을 가르치는 것에 그치지 않고, 디자이너란 아직 존재하지 않는 곳의 지도를 만드는 사람이라는 것을 상기시켜 주었다. 또한 과거의 경험들을 수집한 경험적 과정과 목표 설정을 위해 기준이 되는 표준적인 단계가 사용자의 정신적, 감성적인 욕구를 모두 만족시키는 형태를 개발하는 것으로 통합되어, 절정에 달해야 한다는 것을 강조하였다.

동시에, 나는 그녀가 학생들을 통해 디자이너로서의 대리 만족을 경험했을 것이라는 의구심을 피할 수 없다고 본다. 하지만 그녀의 사려 깊은 품성에 비추어 볼 때, 학생들에게 그녀의 이미지를 강요했다기보다는 그녀 자신의 정신을 통한 탐험의 세계로 그들을 이끌었다고 보아야 할 것이다. 모든 학생들이 다시 태어났다고는 할 수 없지만, 재능 있는 학생들의 경우에는 크게 변화되었다.

나는 이 책을 읽는 독자들이 로웨나가 자신의 제자들에게 영감을 주기 위해 고안한 뛰어난 실습 작품들의 놀라운 감각을 함께 느끼길 바란다. 몇 작품은 쟌 아르프(Jean Arp)의 조각처럼 정교하면서 시적이다. 이러한 작품들은 그 당시 디자인에 대한 관심과 보편화된 추구를 반영하고 있다. 그러나 이러한 사실들은 브랑쿠시(Brancusi)나 임스(Eames)를 낳은 시기에 대해 따지고 드는 것 만큼이나 무의미하다. 이 작품들은 지금도 여전히 감동적이다. 그러나 이 책에 실린 실습 작품들의 주인공인 재능있는 학생들이 지금 어디에 있는가를 생각하다 보면 울적한 마음을 금할 길이 없다. 나는 학창 시절에는 크게 주목 받지는 못했지만, 훗날 그들의 분야에서 두각을 나타내어, 그녀의 가르침이 충분한 결실을 맺도록 해준 학생들의 작품을 보는 것으로 위안을 받는다.

이 책은 로웨나의 제자들에 의한 사랑의 메시지이다. 그녀가 이것을 보고 느낄 수 있다고 생각하자. 나 또한 그녀의 제자들이 보여주고자 하는 애정과 존경에 감동을 느낀다. 그녀와 함께 있을 당시, 그녀의 제자들은 로웨나를 자신들보다 더 많은 재능을 타고난 사람이라고 생각했을 것이다. 그러나 지금 그들은 그녀의 가르침을 사랑하고 따르는 것이 그들을 더 많은 것을 가진 사람으로 만드는 것이라는 것을 깨닫고 있다. 세대 교체가 완성된 것이다.

주디 콜린스 JUDY COLLINS

가수 겸 작곡가

1993년 겨울, 햇살이 좋은 어느 일요일 아침, 나는 오늘날 세계에서 가장 성공적인 산업디자이너들의 스승이자 선도자인 로웨나 리드 코스텔로와 매우 특별한 브런치를 함께 했다. 로웨나는 나의 친구이자 내 남편 루이스 닐슨(Louis Nelson)의 스승이었다. 그날 아침, 남편과 나는 맨하탄 북서 에 있는 집을 나서 소호로 가기 위해 택시를 탔다. 거리에는 불빛들이 춤을 추었고, 나는 죠지아 오키프(Georgia O'Keefe)와 에드워드 호퍼(Edward Hopper), 그리고 그들의 햇살을 듬뿍 먹은 벽들과 만발한 색채를 떠올렸다.

로웨나의 다락방은 빨간 벽돌들이 빛을 받아 희미하게 반짝이는 퍽 빌딩의 아래 에 위치한 그린 가와 하우스턴 가의 모퉁이에 있었다. 방으로 향한 긴 계단에 이르자 조숙한 열 살짜리 아이처럼 총기 넘치는 그녀의 얼굴이 우리를 반겨주었다. 그날 아침은 조금 쌀쌀했다. 서둘러서 계단을 올라가자 로웨나가 우리를 한 사람씩 안아주고서는 작업실을 겸하고 있는 집안으로 안내했다.

83세의 로웨나는 불거져 나온 광대뼈와 춤추는 듯한 눈이 인상적인 잘생긴 얼굴에 체구는 왜소했지만 20대보다도 생동감 있고 젊어보였다. 비록 세월의 흔적이 얼굴에 남아있지만 젊었을 때에는 꾸미지 않은 미인이었을 것 같다. 로웨나는 순수미술, 건축, 그래픽 그리고 산업디자인의 기초가 되는 그녀의 가르침의 정수를 그대로 담고 있는 것 같은 사람이었다. 그녀는 "아름답게 창조하라"고 말했고 그녀 자신 또한 그러했다. 80세의 나이로 프랫의 교수직을 은퇴한 뒤에도 여전히 자신의 가르침을 얻고자 하는 학생들을 대상으로 토요일 아침 강의를 계속하는 이유를 물었을 때, 그녀는 "젊음은 가슴 속에 있다"라고 답했다. 그녀는 자신이 인생에서 얻을 수 있었던 것만큼 자신의 제자들에게 무제한적이고 완벽한 방법을 주길 원했다.

자리를 잡고 코트를 벗는 동안 남편과 나는 부드러운 아침 햇살과 직접 만든 키시(파이의 일종)의 절묘한 향기로 가득한 로웨나의 세계를 둘러보았다. "아주 간단해요. 제가 어떻게 만드는지 보여드릴게요." 전에 함께 간적이 있는 소호 샤퀴트리 레스토랑에서 식사를 하자고 했지만, 그날 아침 그녀는 우리를 위해 손수 음식을 만들어 주고 싶다고 하였다. 식탁에는 찐 아스파라거스와 진한 커피가 놓여 있었다. "자, 맛있는 로케트 연료에요. 나는 아직도 진짜 커피를 마신답니다." 로웨나는 우리가 가져온 보랏빛 아이리스를 색이 잘 드러나는 심플한 유리병에 꽂아 두었다. 부엌은 간단한 스토브와 요리를 자르거나 나누어주기 쉽게 되어있는 탁자, 심플한 식탁에, 넣고 빼기 쉬운 등받이 없는 의자들로 구성되어 있었고, 긴 소파 가까이에 쉬면서 학생들의 작품을 볼 수 있는 공간이 있었다. 잠자는 공간은 멀리 떨어진 곳에 분리되어, 파우니 천으로 가려져 있었다. 전체 공간이 부드러운 뉴욕의 빛과, 키시 냄새, 방금 갈아 낸 커피 향으로 가득차 있었다. 우리는 웃고 떠들며 즐겁게 식사를 하였고, 맛있는 산딸기 타르트로 마무리를 하였다. 하지만 우리의 찬사에 당황한 로웨나는 결국 그 타르트는 딘 앤 델루카(Dean & Deluca)에서 사온 것이라고 고백했다. 그날 아침은 로웨나가 보여준 놀라운 섬세함으로 빛나고 있었다.

내가 남편 루이스를 만난 1978년에 로웨나와 나는 친구가 되었다. 로웨나는 남편이 1958년 졸업한 뉴욕에 있는 프랫의 산업디자인과 교수였다. 5년 간의 군대 복무를 마친 루이스는 지휘관이나 헬리콥터 교관이 될 수 있었던 기회를 접고 석사과정을 이수하기 위해 학교로 돌아갔고, 거기에서 로웨나의 조교로 일하게 되었다. 그것을 계기로 루이스는 1988년 로웨나가 세상을 떠날 때까지 자신의 스승과 우정을 쌓아왔다. 루이스와 로웨나는 서로를 자주 방문하고 이야기를 나누는 가까운 사이였다. 로웨나는 그녀의 학생들에게 그러했듯이 루이스에게도 커다란 영감을 주었다. 그녀의 죽음 후에, 많은 학생들과 그녀의 친구들이 로웨나 리드 코스텔로 기금운동을 시작하였고 루이스에게 위원장을 맡아줄 것을 부탁했다. 그 목적은 기능적이면서도 아름다운 환경과 물건의 창조를 이루어 나가고자 했던 로웨나의 교육철학(추상적 삼차원적 관계의 연구)에 대한 이해를 증진시키는 데에 있었다.

로웨나는 또한 나의 친구이기도 했다. 우리는 서로의 옷에 감탄하거나 때로 탐을 내면서 서로의 취향을 칭찬해 주었다. 읽고 있는 책에 대해 서로 이야기하기도 하고 같이 알고 있는 친구들, 파티나 저녁 식사에서 알게 된 디자이너나 예술가들에 대해 잡담을 하거나 하면서, 서로 함께하는 단짝이 된 것에 대해 기뻐했다. 내가 아는 로웨나는 좋은 것과 최상의 것, 진실된 것과 거짓된 것을 구분해 낼 줄 아는 사람이었다. 그리고 남편에 대한 따뜻한 애정과 그의 재능을 존중하는 마음이 나의 용기를 북돋아 주었고, 나 자신을 위한 최상의 선택을 했다고 말해주었다. 그녀는 나의 친구였지만 나보다 나이도 많고 현명한 사람이었다. 때문에 로웨나가 나를 인정해주었다는 것은 나에게 커다란 기쁨이었다.

로웨나를 알고 그녀에게 배웠던 사람들의 눈을 통해서 그녀의 대단한 영향력을 익히 알고 있었지만, 나는 그녀의 자질에 새삼 감탄하지 않을 수 없었다. 그녀의 제자들은 이제 우리의 삶 속에 들어와 있다. 디자인에 있어 국제적인 영향력을 미치고 있는 브루스 하나(Bruce Hannah), 리타 수 시걸(Rita Sue Siegel), 마크 해리슨(Mark Harrison), 짐 풀톤(Jim Fulton), 제리 굴로타(Gerry Gulotta), 터커 비마이스터(Tucker Viemeister), 빌 카타발로스(Bill Katavalose) 등이 바로 그들이다. 그 중 몇몇은 우리의 친구이기도 하다. 그들은 우리가 일상에서 사용하는 자동차나, 가구, 커피포트, 그릇, 토스터, 천, 빌딩, 장난감, 박물관, 보석, 의류, 가정용품과 같은 물건들을 만들어내는 데 큰 몫을 하고 있는 이들에게 로웨나의 비전을 전수해왔다. 로웨나는 그들의 선구자였다. 그녀는 남편이자 좋은 조언자였던 알렉산더 코스텔로(Alexander Kostellow)와 함께 학생들에게 자신의 위대한 재능을 물려주기 위한 길을 개척하였다.

나 또한 내 생애에 위대한 스승이 있었기에, 로웨나의 재능과 그녀를 향한 내 남편의 헌신에 감사할 수 있었다. 로웨나가 디자인에서의 선(line)과 연속성(continuity)에 대해 말할 때면, 나의 성악 선생님이셨던 막스 마글리스(Max Margulis)가 성악에 대해 밀할 때의 같은 언어를 사용하였다. 사실 그는 음색의 맑음(clarity)과 구절법(phrasing)과 같은 다른 어휘들을 사용했다. 하지만 그는 "아름답게 만들어라. 그 자체가 생명력을 지닌 선을 만들어라. 주저거나 멈추지 말고 놓치지 말라"는 로웨나의 조언을 그대로 반영하고 있었다. 막스도 음악의 구절에서 선에 대해 같은 조언을 하곤 했다. 그는 "그 구절의 끝으로 가라"고 말했을 것이다. 이것을 로웨나는 "그 선에서 상상의 끝까지 가라. 그리고 그 움직임을 완성시켜라"고 표현했다. 내가 로웨나와 우정을 나누던 시절에는 막스도 살아있었고, 파티에서 함께 어울려 이야기를 나누기도 하였다. 나의 위대한 피아노 선생님, 안토니오 브리코(Antonio Brico) 또한 그녀가 모차르트나 쇼팽에서의 구절법에 대해 이야기할 때면 함께 어우러져 이야기를 나누곤 했다. "그 구절을 포기하지 마라. 끝까지 그것을 꿰뚫어서 아름답게 만들어라." 그들은 다른 분야에 속해 있었으나 같은 뜻을 가진 스승들이었다.

곡을 작곡하거나 피아노를 연주하는 데 좀 더 속도를 내고 싶을 때면, 나는 기초로 다시 돌아가 하논이나 체르니 연주를 계속해서 연습한다. 손가락이 유연하게 되어 작곡이나 연주를 하는 데 도움을 주기 때문이다. 루이스는 작품에 대해 새로운 아이디어를 구상하거나, 자신의 '솜씨'를 새롭게 다듬고자 할 때면, 집안에 있는 작은 스튜디오로 들어가 로웨나에게서 배운 방식대로 작은 모형 조각상들을 만들었다. 이것은 그 자체로서 시적이며 사랑스럽고 섬세하며 점, 선, 면에 걸쳐 공간 활용에 대한 로웨나의 개념을 이용한 것들이었다. 또한 이 조각상들은 그가 로웨나에게서 배웠던 개념에 대한 애정과 기본적 교의에 대한 깨달음을 반영하고 있었으며, 박물관의 내부 공간, 한국전쟁 참전용사 기념관의 벽화와 같은 그의 대형 작품들이나, 혹은 몇몇 나의 레코드 커버에 조차도 배어있는 품격을 상기시켜주곤 한다. 루이스는 이렇게 기본으로 다시 돌아가서 로웨나의 '아름답게 만들라'라는 가르침을 되새겼던 것이다.

오늘날 우리는 로웨나의 제자들이 만든 많은 작품들과 함께하고 있다. 그리고 때로는 우아한 자동차의 선, 터커 비마이스터의 마늘 다지기와 같은 아름다운 디자인의 주방용품과 선글라스, 유선형의 비행기, 편안한 소파와 브루스 하나의 의자들, 너무나 멋진 빌딩들, 또는 한국전쟁 참전용사 기념관에 있는 벽화 등과 같은 아름다운 디자인과 마주치게 되기도 한다. 그러나 나는 가끔씩 남편이 그가 배운 '미'와 '실용성'을 고려하지 않은 몇몇 작품들에 대해 마음 상해하는 것을 본다. 로웨나의 집을 방문하였던 날, 우리는 디자인 작업의 모순적인 것들에 대해 비판하고, 그 해결책에 대한 이런 저런 이야기를 나누었다. 그녀의 가장 깊은 바람은 예술적인 동시에 실용적이고, 물질적인 동시에 감성적인 것들을 필요로 하는 모든 사람들에게 그녀의 감각과 통찰력을 전수하는 것이었다.

88세의 나이로 세상을 떠난 로웨나는 우리가 생각할 수 있는 모든 종류의 디자인에 아름다움과 실용성을 함께 가져올 수 있는 일군의 제자들을 남겼다. 이들 중 많은 제자들과 동료들이 마지막 인사를 하기 위해서 그녀가 수십 해 동안 머무르며 가르쳤던 곳, 지성과 재치로서, 때로는 맛있는 파이로 우리를 즐겁게 해주었던 그녀의 집에서 조금 떨어져 있는 퍽 빌딩으로 모여들었다. 마치 물을 가르고 지나가는 배처럼, 스튜디오를 스쳐갔던 사람들에 의해 불멸의 것이 될 그녀가 남긴 유산은 전 세계 구석구석으로 뻗어나가 그녀의 가르침을 이어갈 것이다. 실용적이며 유용하게 만들라. 그리고 무엇보다 중요한 것은 아름답게 만들어야 한다는 것이다.

감사의 글

이 책은 리드 여사의 마음 속에서 아주 오래 전에 시작되었다. 1964년, 나는 대학원생으로 프랫에 입학하면서 그녀의 조교로 일하게 되었다. 나에게 맡겨진 일 중에 하나는 사무실 여기저기에 산더미처럼 쌓여 있는 것들과 그녀가 수년 동안 13×18cm 크기의 종이에 써놓았던 내용들을 정리하는 것을 돕는 일이었다. 그 후로 많은 시간이 지나서 1982년에는 나도 내 사무실을 갖게 되었고, 리드 여사는 그 책을 마무리 짓고 싶다는 이야기를 했다. 우리는 국립 미술 재단(National Endowment for the Arts)을 위한 제안서 작성을 함께 했다. 그녀는 항상 자신의 아이디어와 방법들을 학생들과 함께 섬세하게 조율하곤 했다. 그리고 이제 그 책을 시작하기 위한 보조금을 얻었다.

1988년 10월, 리드 여사는 짧은 투병생활 끝에 우리 곁을 떠났다. 그녀가 있던 중환자실을 방문했을 때, 그녀가 "이야기할 것이 있었는데 와줘서 참 다행이다"라고 말했던 것이 기억 난다. 그러한 것들은 항상 그녀 자신에 관한 이야기가 아닌 학생들에 관한 이야기였다. 그녀가 세상을 떠난 지 한 달 정도 지난 후, 나는 짐 풀톤, 부르스 하나, 하비 번스타인, 터커 비마이스터, 레오나드 바시치, 제프 카펙(Jeff Kapec), 리사 스미스(Lisa Smith)가 함께 모이는 자리에 참석을 요청 받았다. 작은 커피숍에 모인 우리는 서로 머리를 맞대고 리드 교수님의 책을 마무리하여 편찬하기로 결정했다.

짐과 나는 그의 사무실에서 친구들과 함께 자주 만남을 가졌다. 거기에는 수많은 추억들이 있었다. 일찍이 짐은 로웨나가 세워놓은 디자인과 교육의 표준들을 후세에 남기고, 미를 탐구하는 프랫의 학생들과 디자인을 공부하는 모든 학생들을 돕자는 취지로 로웨나 리드 코스텔로 기금재단을 만들자고 제안했었다. 프랫 이사회의 의장이던 짐은 관리하기 쉽고 기금 사용에 대한 전반적인 통제가 용이하도록 재단을 프랫에 소속시키자고 제안하였다. 기금의 의장으로는 내가 추천되었고, 나는 리타수 시걸에게 동참을 부탁했다. 그녀는 리드 여사의 제자이자 절친한 친구였다. 전문적인 내용을 세세히 알고 있었고, 디자인계의 원로들 가운데 남다른 존경을 받고 있었다. 또한 그녀는 모든 위원회 회의에 참석하여 사심 없이 자신의 시간과 지식을 제공해주었다.

다른 사람들이 이 일에 들어오게 되었고, 루스 슈먼(Ruth Shuman), 산드라 롱기어 리챠드슨(Sandra Longyear Richardson), 샌디 웨이츠(Sandy Weisz) 등은 각각 자신이 할 수 있는 것들을 제공해주었다. 짐, 부르스, 터커, 리사, 린다, 제리, 리타수, 게일 등 기금의 핵심 멤버들은 항상 참석하여 그 임무를 다했으며, 언제든 시상식과 기금 모금 행사와 같은 다양한 일들을 위해 수고를 아끼지 않았다. 당시 프랫 산업디자인과의 학과장이었던 부르스 하나는 초창기에 특히 힘이 되어 주었으며, 이 책을 위해 학과의 기록문서 자료를 제공해주었다. 또한 그는 강의와 작업 스케줄로 바쁜 와중에도 매 순간 크나큰 애정으로 작업을 도왔다. 부르스의 뒤를 이어, 학과장직을 맡은 피터 바나(Peter Barna)와 데보라 존슨(Debera Johnson)이 여전히 같은 열정으로 작업을 지원했다.

이 특별한 책은 수많은 사람들의 관심과 노력의 결과인 동시에, 이러한 작업을 할 때 항상 그렇듯이 특히 헌신적이었던 몇몇 사람들의 노고로 인해 태어난 것이다. 나는 게일 그리트 하나(Gail Greet Hannah)에게 이 책의 저술을 부탁했다. 그녀는 〈산업디자인 Industrial Design〉지에 리드 여사에 대한 특별 기고를 한 바 있으며, 디자인이라는 전문직에 대해 매우 상세히 알고 있었다. 그녀는 아무런 보상 없이 자비를 지출해가며, 리드 여사의 지인들을 인터뷰하고 조사 연구하는 데 많은 시간을 투자했다. 이 책의 판매 수익은 전부 로웨나

재단 기금으로 포함 될 것이다. 터커 비마이스터 또한 어떠한 보상도 없이 이 책의 디자인을 총괄했으며, 쎄쓰 콘드(Seth Kornfeld)가 훌륭한 디자인을 해주었다. 제럴드 굴로타, 터커, 린다 셀레나타노(Linda Celenatano), 지나 카스드(Gina Caspiled)는 오랜 기간에 걸쳐 세세한 사진편집 과정을 맡아 주었다. 기금 위원회의 이사 직을 수락해준 리사 스미스는 연례 행사를 감독하고 각 행사를 성공적으로 마무리하는 데 필요한 영향력 있는 사람들을 불러 모았다. 지오바니 펠론(Giovanni Pellone), 브리지트 민스(Brigitte Means)는 재단의 각종 자료와 홍보물들을 디자인해주었다.

프랫 발전에 힘써왔던 전 부총장 맥카네스 구드(Mackarness Goode)는 그 동안 인내심을 가지고 귀중한 가르침과 지원을 아끼지 않았고, 그의 전임이었던 메리 스틸(Mary Steel)과 로버트 프리커(Robert Fricker) 또한 많은 도움을 주었다. 프랫의 총장인 톰 슈트(Tom Schutte) 박사는 기금의 개선과 로웨나에 대한 기억을 지속시키는 일, 그리고 프랫 산업디자인과 학생들에게 도움을 줄 수 있는 방법들에 대한 창의적인 제안을 해주는 등 전폭적인 지원을 아끼지 않았다. 파멜라 워터스(Pamela Waters), 미도리 이마타케(Midori Imatake)는 이 책의 든든한 후원자가 되어 주었다. 이 책은 또한 리타수 시걸, 블랑슈 번스타인(Blanche Bernstein), 제리 굴로타, 그 외 많은 사람들의 아낌없는 기부로 인해 빛을 볼 수 있었다. 이 책을 만드는 과정에서 나는 출판업에 종사하는 로레타 바레트(Loretta Barrett), 미첼 아이버스(Mitchell Ivers), 짐 트루러브(Jim Truelove)와 같은 몇몇 친구들과 그 외 다른 출판사와 편집자들로부터 많은 조언을 얻었다. 이 책의 출판사인 프린스턴 아키텍처럴 프레스(Prinston Architectural Press)의 제니퍼 톰슨(Jennifer Thompson)에게도 감사의 말을 전한다.

이 책을 완성하기까지의 여정이 이같이 길어지리라고는 생각하지 못했다. 우리는 이 책을 빨리 완성하고 싶어했었다. 여기까지 함께한 모든 이들의 인내에 감사를 표하는 바이다. 기다린 보람이 있었다고 믿는다. 무엇보다도, 나는 자신의 삶과 영혼을 자신의 전문분야, 학생들, 그리고 내게 쏟아 주었던 리드 여사에게 감사 드린다. 리드 여사의 평가는 항상 두려운 것이었다. 부디 이 책이 그녀에게 인정 받을 수 있기를 바란다.

루이스 넬슨(Louis Nelson)
로웨나 리드 코스텔로 기금 의장

서론

로웨나 리드 코스텔로는 반세기 동안 디자인을 가르쳤다. 그녀는 모든 미술과 디자인의 근본이 되는 자신이 명명한 '시각적 상호관계의 구조'라는 것을 가르치기 위해 방법론을 발전시키고 다듬는 데 평생을 바친 매우 영향력 있는 스승이었다. 그녀가 체계를 이루는 데 힘쓴 연구의 원리는 프랫의 미술과 디자인을 공부하는 학생들의 1학년 전 과정의 토대를 이루고 있는 기초 교과과정에 포함되었다. 프랫의 교과과정에 강한 영향을 미친 이 기초 과목들은 이후 전국의 미술 디자인 학교에 도입되었으며 여전히 많은 학교들에서 보다 발전되고 전문화된 연구가 이뤄질 수 있게 하는 기반의 역할을 하고 있다. 하지만 연구의 내용은 시간이 흐름에 따라 희미해졌고, 무엇을 어떻게 가르쳐야 할 것인지에 대해 의견의 일치가 어려워졌다. 이에는 몇 가지의 이유가 있다. 형식주의는 이미 오래 전부터 하향세를 보였고, 그 결과는 기초 원리에 기반을 둔 접근 방식들의 예측된 패배로 나타났다. 그에 따라 이 복잡한 교육 과정을 가르치는 데 관심이 있거나 교육을 받은 교사의 수는 줄어들었다. 학생들에게 시장에서의 성공을 보장해주는 현상황에 초점을 둔 교육은 실제 사회, 그리고 세계 경제와 직접적 관련성이 없어 보이는 것은 모두 건너 뛰어버리는 경향을 보였다. 또한 과학 기술은 우리가 미술과 디자인을 실습하고 이에 대해 사고하는 방식을 변화시켰다. 회화와 조각은 수천 년간 인간과 함께 해왔다. 이제는 시간과 운동의 4차원적 탐구를 가능하게 하는 컴퓨터와 비디오 미디어가 우리에게 새로운 도구를 제공하며, 더욱 증가된 복합성을 가지고 새로운 창조의 기회를 제시하고 있다.

오늘날에는 당연하게 받아들여지고 있는 컴퓨터를 이용한 디자인은 그 당시에는 아직 디자인 실습에 변화를 가져 오지는 못한 상태였다. 그러나 로웨나 리드의 생애의 마지막 즈음에는 이미 그것의 실현이 임박해 있었다. 그녀는 특히 3차원 디자인 실습에 미칠 컴퓨터의 영향에 대해 많은 우려를 표명했다. 오직 우리 인간의 눈과 손을 통해서 할 수 있는 일에 컴퓨터를 개입시키는 것에 대해 반대하는 입장이었던 것이다. 이제 그녀의 디자인 교육에 대한 시도를 긍정적으로 생각하는 이들에게는 다시 한번 지혜로운 도약을 감행하고, 전통적인 2D/3D 창작 과정에 새로운 기회와 새로운 표현 방식들을 접목시켜 완성하는 일들이 과제로 남았다.

한편, 이러한 새로운 변화가 일어나는 동안, 매우 소중한 유산이 잊혀져 가고 있었다. 로웨나는 '추상적인 시각적 상호관계'를 탐구하는 것을 겨냥한 기초 연구들이 미술과 디자인을 창조하고 그 진가를 인식하기 위한 필수적 요소라는 것에 대해 확고한 신념을 가지고 있었다. 그녀는 자신의 관심과 재능을 3차원적 영역에서 이들 상호관계를 탐구하는 데 집중시켰다. 그녀는 자신의 학문적 지식의 기틀을 대부분 구두로 전했다. 우리는 그것이 사라져 버리기 전에 포착할 수 있기를 간절히 바라고 있다.

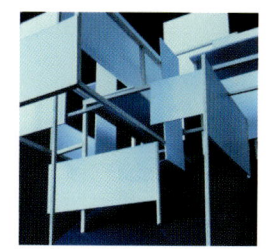

프랫에서 기초과정 프로그램의 총 책임을 맡고 있는 윌리엄 파솔리노(William Fasolino) 교수에 따르면, 로웨나는 2차원(평면)과 3차원(입체)의 차이점에 관하여 매우 명백한 견해를 가지고 있었다. "3차원적 물체들은 우리 주위에 널려 있지만 우리는 3차원을 잘 이해하지 못하고 있습니다. 이것들을 넣고 당겨서 3차원적인 것을 만들기 위해서는 어떤 특별한 근육들이 필요합니다. 로웨나의 수업은 그러한 근육들을 만드는 살과 피가 되는 것들을 갖고 있었습니다. 우린 지금 그것을 잃은 것입니다."

1982년에 로웨나는 시각적 상호관계의 연구에 관한 그녀의 구조적 접근방법에 대한 책을 집필하기 위해 국립 미술 재단(NEA)으로부터 보조금을 받게 되었다. 그녀는 그에 대한 용어를 기술하고 정의하며, 세심하게 중심을 이루는 학습 과정의 순서를 정함으로써 자신의 방법론을 문서화할 계획에 착수하였다. 하지만 그녀는 프로젝트를 완성할 때까지 살지 못했다. 로웨나가 세상을 떠난 직후, 그녀의 몇몇 제자들과 동료들은 로웨나 리드 코스텔로 기금 재단을 창설하여 시각(커뮤니케이션) 디자인과 3차원 디자인 교육 발전을 위한 보충 자료를 구성하였다. 이러한 과업을 이루어낸 것이 가지는 의의 중 하나가 바로 그녀의 책을 현실화시킨 것이었다.

로웨나는 비록 자신의 이론과 방법에 대해 상세한 문서 기록을 남기지는 않았지만, 평생을 교실 안팎에서 친구들이나 전문가들과 실습을 하며, 학생들과 동료들에게 그것에 대해 이야기하고 실제로 보여주었다. 그녀와 지속적으로 이어진 대화를 재수집한 것과 그녀와 함께 가르치고 연구했던 이들의 기록, 그리고 그녀 생애의 마지막 10년 동안 만들어졌던 시청각 테이프를 재구성하고 그녀의 방법론을 문서화함으로써 이 책이 만들어졌다.

이 책은 로웨나의 생애에서 마지막 30년 동안 가르쳤던 모든 3D 기초학습에 대한 실습과정을 포함한다. 또한 몇 가지 발전된 단계의 3D 실습과 공간분석 실험도 포함되어 있다. 이 책의 실습 부분들에는 가능한 실제로 그녀의 수업에서 학생들이 했던 작품 슬라이드를 실었다. 이러한 슬라이드가 없는 부분은, 그녀의 제자들과 동료들이 수업에서 가르쳤던 슬라이드로 설명되어 있다.

로웨나의 생각을 충실하게 기록하고 그녀 특유의 목소리를 포착하려고 노력했지만, 그녀의 수업에서 작업하고 함께한 체험을 완전히 재현하는 것은 불가능하다. 로웨나 리드 교육의 핵심은 실제 체험 그 자체에 있다. 실지로, 그녀는 자신의 수업에서의 연습 과정을 체험이라고 불렀다. 왜냐하면 이러한 체험은 긴장감, 순간 집중력, 발견, 그리고 깨달음을 통하여 학생들에게 통찰력을 키워주기 때문이다. 그것은 결국은 말로 형언할 수 없는 강력한 개인적 직관력이었다.

많은 사람들이 인터뷰나 지속적인 대화, 그리고 지적, 도덕적 지원에 많은 시간을 투여했다. 이 책에 수록된 부분도 있고 그렇지 않은 부분도 있다. 하지만 그들이 재수집한 것들과 깊은 통찰력들은 매 페이지마다 스며들어 있다. 참여해 주신 모든 분들에게 진심으로 고마운 마음을 금할 길이 없다. 특히 로웨나 리드 기금 재단의 도서 출판 위원회 회원인 제임스 풀톤, 브루스 하나, 루이스 넬슨, 리타수 시걸, 터커 비마이스터, 그리고 그 외에 자신들의 자료와 테이프를 공유하고, 원고를 검토하고, 귀중한 의견을 내고 수정한 이들, 시각 자료를 샅샅이 검토한 레오나드 바시치, 지나 카스피, 린다 셀렌타노, 빌 포글러, 제리 굴로타, 케이트 힉슨, 데보라 존슨, 제프 카펙, 빌 카타볼로스, 크레이그 보겔에게 감사의 마음을 전한다.

로웨나 리드는 3차원적(3-D) 추상개념에 지대한 관심을 기울였다. 로웨나는 그것을 그 자체로 호기심을 자극하는 신비로운 것이자 동시에 어떤 목적을 달성하기 위한 수단이라고 생각했다. 또한 그녀는 미술가들과 디자이너들의 눈을 예리하게 키워주고 시각적으로 판별할 수 있는 능력을 발전시켜 주는 것이 자신의 임무라고 생각했다. 그녀는 이것을 시각적 인식 능력(visual literacy)이라고 불렀다. 그리고 이를 통해 그들이 영감을 얻고 나아가 세상을 더욱 아름답게 할 수 있으리라 확신했다. 로웨나는 한 인간이 그의 인생에서 할 수 있는 가장 중요한 것이라는 확고한 신념을 갖고 단호하고 성실하게 이를 계획해 나갔다.

이 책의 목표는 현재와 미래의 세대들을 위하여 로웨나 리드의 유산을 문서화하는 것이다. 그리고 그것에 기반을 둔 예술가들과 디자이너들의 이야기와 작업을 통하여 그녀가 남긴 유산에 경의를 표하고, 그녀 자신이 생각한 것보다 훨씬 더 지대한 영향을 미친 특별한 여성이자 스승에게 아낌 없는 찬사를 바치기 위한 것이다.

게일 그리트 하나(Gail Greet Hannah)

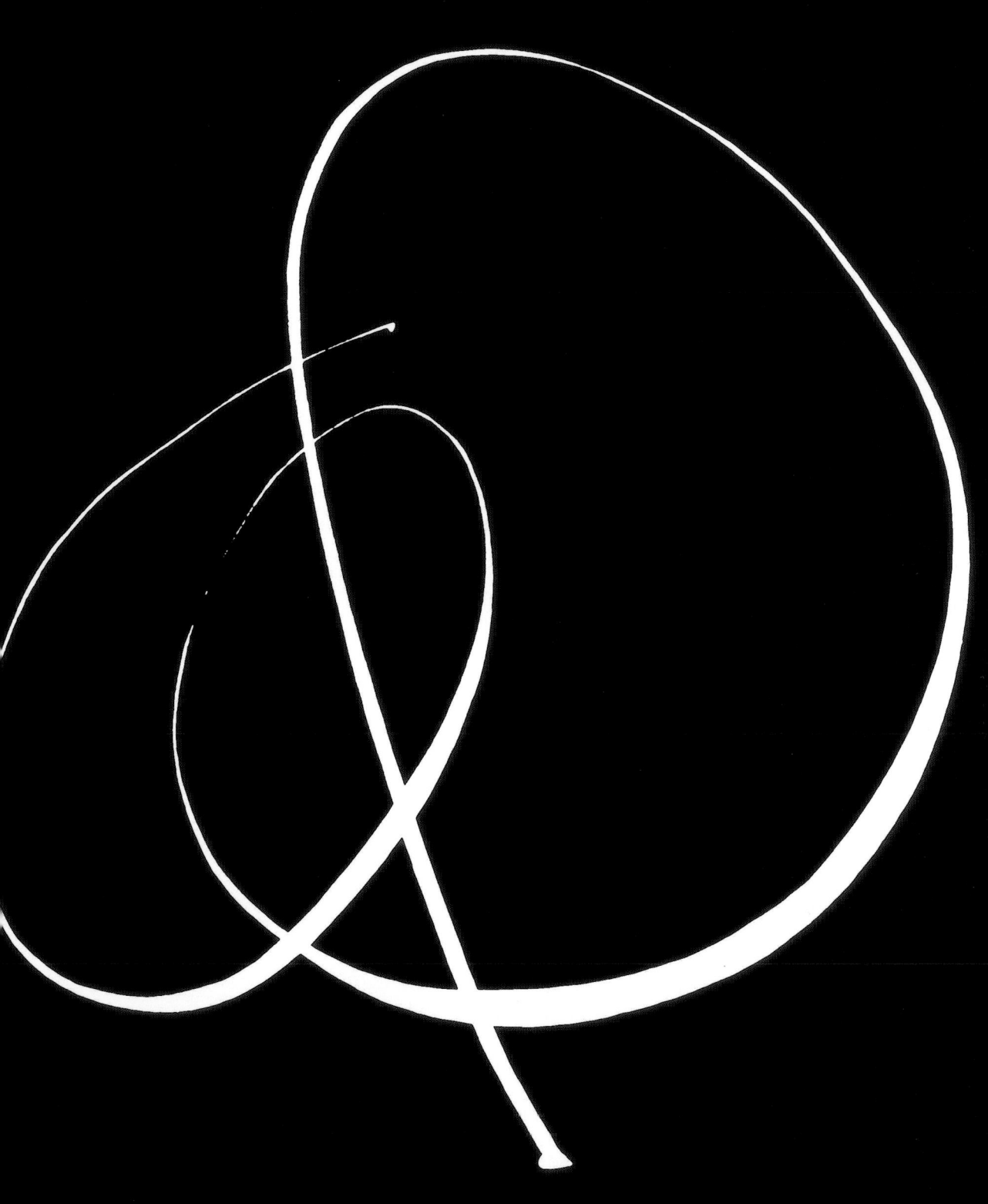

PART I
생애

로웨나 리드 코스텔로의 삶과 작품세계는 미국 디자인 교육과는 따로 분리 될 수 없는 관계를 가지고 있다. 코스텔로는 1934년 카네기 공과대학교에 미국 최고의 산업디자인 학부가 설립될 당시 그 현장에 있었다. 2년 후에는 프랫에서 디자인 학부의 설립을 도왔고, 이후 그곳에서 50여 년간 학생들을 가르쳤으며, 세상을 떠나기 몇 주 전 까지도 개인 지도를 계속하였다. 그녀의 이름은 산업디자인 분야에서 주요 인물로 널리 인식되어 왔다. 그뿐만 아니라, 미국 전지역에 걸쳐 산업디자인 학과를 설립하고 강의를 통해 로웨나의 원칙과 방법을 전수한 그녀의 제자들에게 실제로 그 명성 만큼이나 중요한 유산을 남겼다.

로웨나는 남편이 세상을 떠난 후, 두 세대의 교사들을 교육하여 그 영향력을 넓혀 나간다. 또한 그 자신이 교육자가 된 제자들을 통해 미국뿐만 아니라 다른 곳에서도 산업디자인의 교육과 실습에 불후의 영향을 미쳤다. 제럴드 굴로타는 멕시코 과달라자라에서 기초 원리를 가르쳤고, 크레이그 보겔은 그 기초 원칙을 뉴질랜드에서 성공적으로 적용시켰으며, 체릴 아크너-콜러(Cheryl Aknr-Koler)는 스웨덴 스톡홀름의 미술 공예 디자인 단과대학의 산업디자인 학부에서 이를 가르치고 있다.

로웨나의 강의를 들은 사람들은 그녀를 쉽게 잊지 못한다. 로웨나는 중간키에 골격이 작고, 목소리를 높이는 일이 드문 여성이지만, 항상 당당했고 학생들에게 많은 노력을 요구하였다. 대다수의 젊은 디자이너들에게 추상적 개념은 결코 쉽게 감지할 수 있는 것이 아니다. 하지만 로웨나는 추상적인 시각적 체계 질서에 대한 이해는 좋은 디자인의 핵심이 된다고 했고, 인내와 노력을 통해 그에 정통할 수 있다고 주장했다. 로웨나는 학생들이 소위 '추상적인 시각적 상호관계의 구조'라고 불리는 것을 이해하고 이를 사용할 수 있는 능력을 단계별로 이끌어 내는 교육을 위한 방법론을 확립하였다.

로웨나와 그녀의 남편 알렉산더 코스텔로에게 디자인 교육을 받은 첫 세대의 교육자들은 흔히 미국 산업디자인 교육의 아버지로 여겨진다. 이 첫 세대에 속하는 인물로는 로드 아일랜드 디자인학교(RISD)의 마크 해리슨(Marc Harrison), 오클라호마 대학의 제임스 헨클(James Henkle), 브리지포트 대학(University of Bridgeport)의 로버트 레드맨(Robert Redman), 시카고 디자인 인스티튜트(Institute of Design in Chicago)의 제이 도블린(Jay Doblin), 시라큐스 대학(Syracuse University)의 제임스 퍼클(James Pirkl)과 로렌스 피어(Lawrence Feer), 코넬대학의 로날드 벡맨(Ronald Beckman), 산호세 주립대학(San Jose University)의 넬슨 밴 유다(Nelson Van Judah), 데이턴 예술학교(Dayton Institute of Art)의 리드 비마이스터(Read Viemeister)와 버드 스테인힐버(Budd Steinhilber), 콜럼버스 미술 디자인 대학(Columbus College of Art and Design)의 버나드 스톡웰(Brnard Stockwell), 몬타나 주립대(Montana State University)의 제인 밴 앨스타인(Jayne Van Alstyne), 퍼듀 대학(Purdue University)의 로버트 W. 베이저(Robert. W. Veyzer), 워싱턴 대학의 찰스 W. 스미스(Charles W. Smith), 스탠포드 대학의 로버트 맥킴(Robert McKim), 디트로이트 조형학교(SCSD)의 칼 올슨(Carl Olsen)과 호머 리가시(Homer Legasy), 프랫의 조셉 패리어트(Joseph Parriott), 길스 오렐리(Gils Aureli), 제럴드 굴로타(Gerald Gulotta)와 루시아 드레스피니스(Lucia De Respinis) 등을 들 수 있다.

초년

로웨나 리드는 1900년 7월 6일 미주리주 켄자스시티에서 태어났다. 그녀는 낙관적인 분위기로 새로운 세기가 시작되던 해에 급부상하는 지역 중심 도시에서, 의사인 아버지와 어머니를 둔 매우 유복한 가정의 세 자녀 중 하나로 자라났다. 이러한 성장 배경은 로웨나가 평생 확고한 신념과 자부심을 가질 수 있도록 하였다. 1918년, 로웨나는 미술을 공부하기 위해 미주리 대학(University of Missouri)에 입학하게 된다. 로웨나는 1982년 인터뷰에서 이 시기를 회상하며 "3차원 디자인에 대해 전혀 몰랐어요. 단지 더 이상 수강할 과목이 없을 때까지 모든 미술과목을 수강했을 뿐이죠. 하지만 그렇게 미숙했던 때조차도 시간낭비를 하고 있다는 것을 알고 있었습니다. 배우는 게 하나도 없었어요. 거기에는 체계, 조직화, 연속성이 전혀 없어서, 토대로 해서 배울 게 아무것도 없었습니다"라고 말했다. 이후 저널리즘을 전공하여 잠시 패션 일러스트레이터로 근무하였으며, 1922년 켄사스시티 미술학교(Kansas City Art Institute)에 입학했다.

그곳에서 로웨나는 유럽에서 교육을 받은 예술가로, 교사의 길을 걷기 시작한 페르시아 태생의 알렉산더 코스텔로를 만났다. 로웨나는 알렉산더의 제자였다. 로웨나는 그를 일컬어 "내가 만난 남자 중 가장 흥미로운 남자"라고 했다.

코스텔로는 강인한 인물이었다. 베를린 대학에서 철학과 심리학 과정을 이수한 코스텔로는 제1차 세계대전 당시 독일군 참전을 거부하여, 네덜란드에서 미국 행 선박을 타고 독일을 탈출했다. 코스텔로는 미국 이민국 관리를 피

로웨나 리드의 3-D 수업

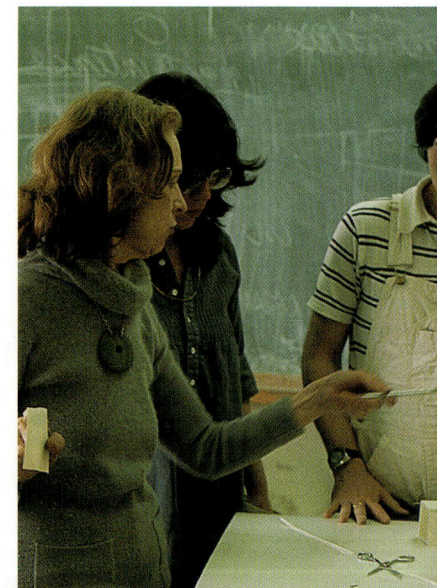

해 보스턴 항에서 배를 타고 뉴욕으로 가서 아트 스튜던츠 리그(Art Students' League), 뉴욕 예술학교(New York School of Fine and Applied Art)와 국립 디자인 아카데미(National Academy of Design)에서 몇 년간 공부를 하게 된다.

코스텔로는 미술 교육의 현실에 대해 로웨나 리드와 생각을 같이했다. 1947년 코스텔로는 다음과 같이 기술했다. "미술을 공부하는 학생으로서 내가 겪은 경험들은 그다지 유쾌하지 못한 것이었다. 미술 분야에서 독립하기 위해 필요한 지식과 경험을 습득하는 방법이 뒤죽박죽이었기 때문이다. 내 동기의 많은 학생들이 최후의 영광에 대한 비전과 상당한 인내심으로 무장을 하고 국립 교육 기관들에 진학하여 판에 박은 듯한 그림을 그리는 데 몇 해를 보냈다. 확실히 그것은 '인생은 짧고, 예술은 길다'라고 불리울 만한 케이스였다. 그러나 그래픽과 조형미술을 하나의 당당한 전문직이자 우리의 경제적 구조의 일부로서 바라보고, 그 직업을 위한 준비로서 필수적인 기초 훈련을 기대했던 학생들에게 그 방법은 전혀 만족스럽지 못했다."*

로웨나 리드와 알렉산더 코스텔로는 켄자스시티에서 결혼한 후, 뉴욕으로 돌아왔다. 뉴욕에서 로웨나는 알렉산더 아치펜코(Archipenko)에게 조각을 공부했다. "아치펜코에게서 많은 걸 얻었어요. 그의 작품은 매우 심오하며 아름답게 구성되어 있죠. 하지만 공부를 좀 하고 보니까, 아치펜코의 작품에는 공간에 대한 인식이 결여되어 있다는 사실을 알게 되었어요." 이와 같은 공간 인식에 대한 추구는 훗날 그녀의 직업적 삶에 있어서 일종의 추진력으로 작용하게 된다.

로웨나의 토요일 3-D 수업 중에 크리스 프리즈(Chris Freas)가 가까이 살펴보는 모습

* 1947년 7월 간행된 〈인테리어 Interiors〉지에 실린 '프랫의 산업 디자인(Industrial Design of Pratt Institute)'

1929년, 코스텔로 부부는 코스텔로가 교수직으로 가게 된 카네기 공과대학이 있는 펜실베니아 피츠 버그로 이사했다. 로웨나는 사립학교 교사와 조각가로 일했으며 슬하에 아델르(Adele)라는 외동딸을 두었다. 알렉산더와 로웨나, 두 사람 모두는 시각 미술의 이해와 교육을 위해 기초용어를 개발하는 데 큰 관심을 두고 있었다.

산업디자인 교육의 창안

1933년 유럽으로 유학을 가서 회화와 조각에 열중하며 한 해를 지낸 다음, 로웨나는 시끌벅적한 산업도시로 돌아왔다. 피츠버그는 철강산업의 중심지였으며, 전국 대부분을 강타한 경기침체에도 불구하고 경기가 좋아, 굴뚝에서는 연기가 솟아오르고 기계들은 윙윙 소리를 내며 돌아가고 있었다. 그리고 그곳에는 새로운 기류가 흐르고 있었다.

10년 전 미국 산업은 점점 더 많은 구매자들을 끌어들일 수 있는 제품의 디자인과 판매를 촉진시킬 수 있는 미술 분야의 전문가들에게 눈을 돌리기 시작했다. 1930년대 초에는 월터 도윈 티그(Walter Dorwin Teague), 레이몬드 로위(Raymond Loewy), 헨리 드레이퓌스(Henry Dreyfuss), 도날드 데스키(Donald Deskey), 길버트 로드(Gilbrt Rohde), 노만 벨 게데스(Norman Bel Geddes), 존 바소스(John Bassos), 도날드 도흐너(Donald Dohner) 등으로 구성된 디자이너 집단이 등장했다. 이러한 개척자들은 훗날 전문 산업디자이너이 될 토대를 쌓아가며, 새로운 영역을 만들어가고 있었다.

그 중 도날드 도흐너는 카네기 공과대학에서 강의를 했다. 어느 날, 로웨나는 도흐너가 디자인 자문을 해주던 웨스팅하우스 회사의 한 경영진이 그에게 의뢰해 온 프로젝트에 대해 이야기를 나누게 되었다. 그 회사 공장에서 새로운 소재의 제품 하나가 나왔는데, 그것을 어떻게 이용해야 할 지에 대한 아이디어가 필요했던 것이다. 그 후 도흐너는 공장에 갔다가, 커다란 강철 롤러에서 어떤 새로운 재료가 얇은 판이 되어 나오는 것을 보게 되었고, 첫 단계로 그 재료에 색깔을 입히자고 제안했다. 그래서 아름다운 빨강, 노랑, 파랑의 몬드리안 풍 제품이 만들어졌고, 이 제품은 고객들의 눈길을 사로잡았다. 그러자 도흐너는 그것을 제품으로 생산할 것을 제안하였고, 사람들의 구매욕구를 불러일으킬 아름다운 최신형 접시 몇 종류를 만들게 되었다. 그로부터 얼마 후, 그 접시를 더욱 깊게 만들고, 간단한 모양 몇 가지를 더 추가하여 다른 종류의 접시들을 개발하였다. 이것이 바로 멜라민 수지로 만든 '미카르타(Micarta)'라고 불리는 플라스틱 제품으로, 오늘날에도 모든 가정과 일상생활에 널리 쓰이고 있다.

이와 같은 도흐너의 경험을 통해 코스텔로는 미국 산업에서 기회를 잡을 순간이 왔다는 것을 확신했다. 새로운 디자인 훈련을 위한 디자인 교육을 형성할 때가 온 것이다. 코스텔로는 이미 수년 동안 미술 교육에 초점을 맞추고 체제를 갖추기 위한 방법들을 찾아내었으며, 몇몇 지역 회사에서 디자인 자문으로서의 직접적인 경험을 쌓았다. 그래서 코스텔로와 도흐너는 카네기 공과대학 본부로 가서 산업디자인 학위수여 프로그램을 설립하도록 제안했다. 둘은 자신들의 주장을 성공적으로 펼쳤고,

알렉산더 코스텔로, 〈인테리어〉지

1936년 미국 최고의 산업디자인 학부가 첫 졸업생을 배출하게 된다.

산업디자인에서의 경험은 로웨나 리드에게 새로운 세계를 열어주었다. 그러한 계기는 로웨나의 상상력에 불을 붙여 3-D 디자인에 관심을 쏟게 하였다. 1938년 그녀는 정식으로 디자인 벤처에 종사하게 된다. 1934년 도날드 도흐너는 프랫 인스티튜트의 제임스 부드로(James Boudreau) 학장의 초청으로 그곳에 산업디자인 학부를 설립하게 되었다. 도흐너는 코스텔로에게 자신을 따라 프랫(뉴욕, 브룩클린에 위치)으로 가서 교과 과정을 계발하고 색채와 디자인에 대한 강의를 하도록 설득했다. 그리고 로웨나에게는 추상 개념을 가르치도록 권했다. 이들이 함께한 프랫에서의 초기 생활에 대해 아서 풀로스는 "알렉산더 코스텔로는 철학적인 것, 로웨나 리드는 심미적인 것, 그리고 도흐너는 실용적인 것을 대표하여, 이 셋은 프랫 산업디자인 프로그램의 3대 기초를 마련하게 된다"라고 기술하고 있다.[*]

알렉산더 코스텔로와
딘 제임스 부드로

프레데릭 와이트맨(Frederick Whiteman), 로버트 콜리(Robert Colli), 아이반 릭비(Ivan Rigby), 롤프 피엘드(Rolph Fjelde)도 이들과 합류하였고, 얼마 후에는 에바 지젤(Eva Zeisel)과 빅터 칸자니(Victor Canzani)도 동참하게 된다.

"처음에는 모두 같은 의견이었기 때문에 아주 좋았어요. 정말 너무도 흥미진진했어요. 우린 모두 젊었고 성급했지만, 바로 그 점으로 인해 우리가 무언가를 해낼 수 있었던 것이지요"라고 훗날 로웨나는 회상했다.

이들이 처음으로 이룬 큰 업적은 미술대학 1학년의 모든 커리큘럼을 개발한 것이었다. 이 교과과정은 매우 적절하게 '기초과정'이라고 불리었고, 미술과 디자인을 공부하는 학생들과 미국 사회의 요구에 부응하여 특별히 고안된 최고의 교과과정이었다. 이 과정의 기본은 코스텔로의 캔버스 위에 축(axes)을 구성하여 그림으로 표현한 구조 실험, 그리고 로웨나 리드의 3차원에서의 시각적 구성(visual organization) 실험으로부터 나온 것이다. 이는 미국 전역에 걸친 다른 많은 학교에서 기초과정 프로그램의 모델이 되었다.

알렉산더 코스텔로는 그 프로그램에서 의도한 바를 다음과 같이 기술하고 있다. "이 프로그램의 목적은 학생들에게 지리멸렬한 단편적인 정보들을 제공하는 데에 있는 것이 아닙니다. 그보다는 디자인

* 아서 풀로스(Arthur Pulos), *The American Design Adventure, 1940-1975*, MIT Press, 1988, P166

기술에 대한 체계화된 접근과 주어진 문제들을 해결하기 위해 필요한 내적 훈련을 돕는 데에 목적이 있다고 할 수 있습니다. 디자인의 요소와 구조, 그리고 이들을 통제하는 조직력에 대한 이해를 증진하고, 이러한 지식을 자기표현 또는 산업을 위한 디자인 분야의 다양한 상황에 적용시킬 수 있는 능력을 개발하기 위해 필요한 내적 훈련을 말하는 것입니다."

이 프로그램은 시각적 훈련을 위한 통합적인 방법이었다. 이는 코스텔로가 "기술적인 면을 향상 시키기 위해 개발된 다른 프로그램들과 마찬가지로 디자인 분야의 전문과정 역시 학생의 심미적 가능성을 제한하고 있다는 사실을 경험으로 알 수 있습니다. 실용적인 접근법에 따르면 창의적인 디자이너는 결코 중요한 존재가 아닙니다. 이러한 과정은 기껏해야 숙련된 기술자만을 양성해 낼 뿐입니다"라고 표현한 것으로 미루어 짐작할 수 있다.

설립 당시, 기초과정에서 평면조형 과목을 강의했던 프레데릭 와이트맨은 학교가 스스로 만들어낸 공백을 기초 과목들이 채워주고 있다고 보았다. "기존의 도제 시스템하에서 학생들은 작품에 부분적으로 임할 수는 있었으나, 그 작품을 하나로 모두 합칠 수 있는 사람은 오직 선생님뿐이었지요. 상업미술 학교는 그 선생님마저 없애버린 겁니다. 이제 모든 학생들은 부분부분만을 그리고 있지요. 하지만 결코 그 부분들을 함께 조합하는 방법은 배우지 못했습니다. 다시 말하자면, 디자인을 하는 법을 배우지 못했다는 것이죠. 기초를 배움으로써 부분적으로 그리는 것과 하나로 합치는 것, 이 모든 것들이 어떻게 함께 진행되는가를 배우는 것입니다."

코스텔로와 도흐너가 카네기 공과대학에 산업디자인 학부를 설립한 지 3년 후, 뉴 바우하우스가 시카고에서 발족되었다. 1938년 미스 반 데어 로에는 이것을 일리노이 공과대학(IIT)으로 옮겼고, 이는 후에 일리노이 공과대학의 디자인 교육기관이 된다. 라즐로 모호이너지(Laszlo Moholy-Nagy)의 주재로 설립된 뉴바우하우스는 독일의 발터 그로피우스가 설립한 비 우하우스의 교과과정을 도입했다.*

몇 년 후, 기초과정이 최고조에 이르고 디자인 학계에서 주목을 끌고 있을 당시, 코스텔로는 〈인테리어 Interiors〉지에 기고한 기사에서 자신의 접근법에 대해 다음과 같이 상세하게 기술하고 있다(1947년 7월).

우리는 가장 단순하고 명확한 디자인의 요소와 구조부터 시작하기로 결심했다.

아주 근본적인 초기의 관점에서부터 시작하되, 표현은 오늘날의 용어를 사용했다. 우리는 학생들이 각자의 경험을 바탕으로 한 감정이입을 통한, 리드미컬한 반응과 직관력으로 각각의 그래픽 요소와 조형 요소를 보고, 그것을 용어로 전환시킴으로써 정확한 의미를 확립하는 데 그 목적을 두었다. 다시 말해, 추상적 개념과 내적 충동이 그래픽의 용어로 표현되고 조형 요소가 강조된 것으로, 이는 창의적 표현의 경험이 기술적인 것보다 더 장려된 것이다.

실제적인 편의를 위해, 우리는 '디자인'이라는 용어를 다음과 같이 정의하였다. 본질적으로 순수하게 심미적일 때조차도 기능적인 목적에 의해 통제되고, 재료와 그것을 다루는 과정에 의해 그래픽적 또는 조형적으로 표현된 창의적인 의지가 바로 디자인이다. 이것이 바로 그래픽의 구현을 가능케 하는 개념이다. 이는 아이디어와 느낌을 구체적인 재료에 녹아들게 하는 예술로서, 그 핵심적인 개념은 재료의 구체적인 표현과 분리될 수 없다.

이러한 재료의 구체적인(형태) 표현을 구성하는 요소들은 (1)선(line), (2)면(plane) 또는 표면(surface), (3)입체(volume: 적극적 공간과 소극적 공간), (4)명암(value), (5)질감(texture), (6)색(color)이다. 이러한 것들이 디자이너가 임의로 할 수 있는 구체적인 요소들이다.

---

* 바우하우스는 1919년 독일, 그로피우스에 의하여 설립되었다. 그 목적은 삶에 관한 모든 면모를 포함하는 현대적 건축물을 만드는 데 있었다. 바우하우스의 방법 론은 워크샵의 접근 방법에 기초를 두었다. 학습의 기본과정은 미술과 산업적 생산제조 사이의 깊은 골을 메우기 위하여 미술과 기술을 함께 적용했으며, 건축을 분리해 놓은 장애물을 제거하는 것에 의미를 두었다(Jurgen Joedicke, *A History of Modern Architecture*, Praeger, 1959 참조).

각기 다른 재료들은 그 질감의 다양성과 조합적인 반응에 의해 어느 정도 이러한 요소들에 영향을 미칠 것이다. 그러나 이들 요소들의 본질은 결코 변화시킬 수 없다.

실제로 학생들은 그 목표에 도달하고 요소들을 솜씨 있게 다루어 구성하기 전에, 먼저 연구와 실험을 통해 요소들이 갖는 기능을 배워야 한다. 이러한 것들은 개인적인 문제의 형태로 주어진다.

짧은 시간 내에 가능한 한 많은 경험들을 쌓기 위해서는 능숙하게 다룰 수 있게 되기까지 발생하는 유형의 문제들을 제거해야 했다. 우리는 수공예의 다소 손이 많이 가는 점을 피하기 위해 전동 공구와 기계들을 도입했다.

우리는 학생과 교사들에게 모두 정확한 의미로 쓰일 수 있는 명칭(용어)에 대한 많은 사례들을 정립하고 수용했다. 그리고 학생들의 작품을 평가하기 위한 최소한의 기준에 합의했다. 이 기준은 교사의 선호도나 취향이 아닌, 자기 표현의 방식에 있어서 학생들이 이루어가는 발전도에 기준을 둔 것이다. 또한 우리는 가능한 한 여러 과목들 간의 장벽을 무너뜨렸다. 미술 교육을 하나의 양상 안에 한정시키는 것이 점점 더 어려워진다는 사실을 깨달았기 때문이었다. 이를 통해 학생들이 다른 선생님들과 함께 다른 문제들을 다룸에 있어서 그들의 다양한 경험들을 각각 분리된 정신적 틀에 가두어 놓지 않게 하였다. 많은 경우, 학생들에게 상상적으로 접근하는 자유를 주는 유형의 문제를 고안하기 위해서는 독창성이 요구된다. 그리고 그 문제를 해결하는 것을 통해 명확한 지식을 얻게 되고 디자인을 하는 구체적인 단계에 대한 조정능력이 생긴다.

구성하는 힘의 조정능력에 대한 그의 연구에서, 로웨나는 학생들이 그래픽 요소와 조형 요소의 단순한 접근이나 실제적인 배열뿐만 아니라, 내부의 긴밀한 통일성을 구성하는 데에도 어려움을 느낀다는 사실을 발견했다. 구성의 타이틀이 반드시 그럴듯한 내용이나

효과를 수반하는 것은 아니다. 예를 들어, 브라크(Bracque)의 양배추 정물화가 메시오니에(Messionier)의 전쟁 장면보다 훨씬 더 심미적이며, 단순한 그리스 칸타로스(음료수 컵)가 화려한 돌 장식으로 만들어진 어느 국가적 영웅의 동상보다 더욱 위엄이 있고 심미적으로 호소력을 가질 수 있는 것이다. 그리고 브랑쿠시(Brancusi)의 추상적 형태, 〈높이 솟은 새 Aspiring Bird〉가 화강암 받침대 위의 고민하는 대리석상보다 훨씬 더 큰 역사적 의미를 가질 수 있다는 것이다.

유기적인 형태를 얻기 위한 노력에 있어서, 학생들은 자연에서 발견할 수 있는 것과 비슷한 힘을 사용하여 자기 표현의 상징들 속으로 주변 세계를 옮겨놓아야 한다. 예를 들어, 무게 또는 중앙선에 대한 대칭적인 분할이 아닌 생동감을 이루기 위한 역동적인 분배로서의 균형(balance), 형태 구성에서 서로 분리된 형태들 사이에 나타난 공간에 존재하는 상호관계의 극적인 상태를 인식하는 긴장감(tension), 순수하게 묘사된 형태들의 재조정을 요구하는 적극적 형태(positive form)와 소극적 볼륨(negative volume)의 융합, 디자인 구조에서 이질적인 요소들에 대한 강력한 관계로서의 대조(opposition), 사실상 그것이 확대되건 반복되건 간에 구성 전체에 거쳐 움직임의 주된 동기가 되는 리듬(rhythm), 구조 내의 연속 상태의 역동적인 선인 연속선. 또한 그것들의 적용 단계에서 구성적인 힘들과 유사하게 되는 몇몇 평가 요소들로서, 이를테면 추상적인 것들이나 시각의 방향, 또는 시각적 형태의 총합과 같은 것들이 있다.

프랫과 바우하우스 설립 프로그램은 어떤 점에서 서로 유사하다. 이 두 프로그램의 접근법은 공통적으로 예술적이고 지적인 가설에 근거하고 있다. 방법론은 현대의 과학적 방법론에 의존했고, 그것을 예술품 제작의 기초를 가르치는 데 적용했다. 선, 면, 형태, 공간 그리고 색채와 같은 요소들을 식별하고 그 하나하나를 체계적으로 분석하였다. 학생들은 예술품이나 디자인을 완성하기 전에 우선 그 부분들을 철저하게 이해하도록 교육받게 된다.**

두 접근법 모두가 심미적 계발과 교육에 맞춰져 있던 초점을 심미적 문제들을 해결하는 쪽으로 전환시켰다. 표현형식이나 형태의 배열은 종교적, 형이상학적, 혹은 도덕적 영역을 벗어나 지각 영역에 영향을 미치게 된다. 그리고 두 접근법 모두 고전적 학문 개념과는 반대로, 한 문제에 한 개 이상의 정답이 있을 수 있으며, 개인의 영감과 재능을 키우기 위해서는 그러한 해결책이 필요하다는 점을 시사했다.
바우하우스는 실용적 협의사항에서 예술가의 심미적 통찰력과 장인의 솜씨, 그리고 기계의 기술적 진보를 조화시키고자 했다. 바우하우스는 예술가는 기계와 함께, 혹은 기계를 위해 디자인해야 한다고 주장한다. 비록 코스텔로의 프로그램은 수공예에는 큰 관심을 보이지 않았지만, 산업과 기계 중심의 사회에 적합한 디자이너를 교육하자는 목표에 있어서는 바우하우스와 그 뜻을 같이 하였다.

그러나 두 접근법 사이에는 차이점이 있었다. 코스텔로는 "기능적 디자인에 대한 해명인 신즉물주의(die neue Sachlichkeit)의 도입은 현재까지 내가 보아 온 것 중에서는 가장 정리된 접근법에 가깝다고 할 수 있습니다. 그러나 우리가 프랫에서 달성하고자 했던 바에 적용하기에는, 간결성과 기본적 통합이 결여되어 있었으며 몇몇 모순적 요소도 포함하고 있었고, 많은 경우 지나치게 길고 독단적인 실험지상주의로 빠져버렸다고 봅니다"라고 주장했다. 그리고 형태는 기능을 따라간다는 바우하우스 측의 의견에 코스텔로는 "난 기능이 심미적인 표현을 낳게 한다는 전제에 결코 동의한 적이 없습니다. 기능은 시간에 대한 표현이라고 보며, 심미적인 반응이 인간이 만든 형태에 영향을 미치고, 결과적으로 우리는 그것들에 의해 영향을 받게 된다고 생각합니다"라고 말했다.

** 바우하우스의 교육이론에 대한 논의는 앤드류 펠란(Andrew Phelan)에게 도움을 받은 것임.
'바우하우스와 미술 실습 교육(The Bauhaus and Studio Art Education)', *Art Education*, 1981년 9월호.

이 논쟁은 로웨나 리드의 관점에 있어서 핵심이었다. 리드는 디자인의 시각적, 심미적인 면의 우월성에 있어서 매우 단호했다. 리드는 심미적 표현을 디자이너의 존재의 이유라고 정의했다.

바우하우스는 건축의 시각에서 형태의 연구에 접근했다. 코스텔로는 다른 시각에서 이를 바라보았다. 크레이그 보겔은 "알렉산더 코스텔로는 바우하우스가 다양한 실험을 하고 있고 매우 역동적이었던 초창기부터 바우하우스에 대해 알고 있었습니다. 코스텔로가 유럽을 떠나기 전에 이러한 풍조가 시작되고 있었지요. 하지만 코스텔로는 바우하우스보다 더욱 광범위한 아방가르드적 용어를 썼습니다. 그는 공간적 개념을 다루고 있었던 것입니다. 차이점은 코스텔로는 디자인 프로그램을 시작하고자 했고, 그로피우스는 건축 프로그램을 시작하고자 했던 것입니다. 미스 반 데어 로에는 그로피우스보다 한발 더 나아갔습니다. 미스에게 있어서 모든 것은 건축으로부터 나온 것이었고, 이는 당연히 코스텔로의 견해와 큰 차이를 보인 것이지요"라고 설명했다. "코스텔로는 기업디자인의 아버지로 불리는 피터 베렌스(Peter Behrens)와 가까웠다"고 보겔은 말을 이었다. 1909년, 베를린의 AEG 터빈 공장과 같은 초기 영향력 있는 현대 건축물을 디자인한 독일 건축가 베렌스는 기능과 구조적 성격에 따른 산업 건물, 건축을 발전시킨 선구자 중 한 사람이며, 독자적 건물부터 건물 설비에 이르기까지 총체적 기업디자인을 맡은 최고의 예술가이다. 베렌스의 작업은 제1차 세계대전으로 인해 중단되었기 때문에 전쟁 초기에 유럽을 떠난 코스텔로에 비해 많이 알려져 있지 않은 편이다.

코스텔로의 말에 의하면 "이곳에는 우리가 생각한 것 보다 더 많은 제조업이 있고, 이 제조업들은 전혀 체계적인 훈련이 되어있지 않다." 베렌스와 마찬가지로, 코스텔로는 기술력에 어떻게 모양을 주어 제품을 완성할 것인가를 고민했다. 그리고 이 문제는 오늘날의 디자인에 있어서도 여전히 큰 문제로 남아있다.

1940년대 열기를 띠기 시작한 산업디자인 교육과 건축 사이의 관계에 대한 논쟁은 산업디자인을 건축학교에서 가르치자고 주장하는 그로피우스와 바우하우스측과 산업디자인을 미술학교에서 가르치는 것이 더욱 논리적이라고 주장하는 디자인 옹호론자 간에 싸움을 일으켰다. 도날드 도흐너는 프랫을 위해 후자를 옹호하였으며, 당시에는 도흐너의 주장이 승리하였다.[*]

둘 사이에는 중요한 차이점이 또 하나 있었다. "코스텔로와 리드는 3차원 디자인의 중요한 요소로써 단순한 사물과는 구별되는 공간의 개념을 도입했습니다. 바우하우스는 사물에 더 관심이 많았습니다." 프랫에서 25년 이상 기초과목을 강의한 리챠드 웰치는 이렇게 설명한다.

두 접근법의 교육 방법론상의 차이점은 전적으로 그들의 철학에만 있는 것은 아니었다. 그 차이점의 배후에는 미국이라는 배경에 대한 매우 다른 이해가 자리 잡고 있었다. 그로피우스와 마찬가지로 코스텔로는 유럽적인 시각에 뿌리를 두고 있지만, 일찍이 미국으로 건 와서 미국 문화를 열정적으로 껴안았다는 점에서 독일 건축가인 그로피우스보다 더욱 많은 장점을 지니고 있었다. 코스텔로는 대도

---

[*] 디자인 서치펌 사장인 리타수 시겔(Ritasue Siegel)은 적어도 지난 25년 간에 걸쳐, 한동안 디자인 프로그램을 미술학교가 아닌 디자인학교에서 가르치도록 하거나, 건축이나 이공계 (기술)학교에서 대신 가르치도록 하려는 시도가 많았다고 지적한다.

시에서 살았지만 중서부 지방을 여행하며 작업을 하기도 했다. 프레데릭 와이트맨은 코스텔로가 도박으로 기차에서 내던져진 후 캔자스시티에서 생을 마감했다고 말한다. 코스텔로는 미국의 경험에 대해 개방적이었다. 미국의 정신을 좋아했으며, 그것이 어떻게 돌아가는지를 잘 이해하고 있었다. 50년대에 프랫에서 로웨나 리드와 알렉산더 코스텔로에게 가르침을 받고 현재 시라큐스 대학에서 산업디자인 프로그램을 지도하고 있는 로날드 백맨(Ronald Beckman)은 "코스텔로는 그냥 단순한 독일인이 아닙니다. 페르시아인이기도 하지요. 애매모호함과 차이점에 익숙하고 그것을 잘 다루도록 길러진 사람입니다. 미국은 전 세계에서 가장 애매모호한 곳이고, 코스텔로는 그런 미국을 사랑했습니다"라고 말한다.

끝으로, 코스텔로는 바우하우스와는 달리 산업디자이너의 교육을 위한 시도를 사회적 체험으로 보고 접근했다. 미술학교에는 생계를 이어야 하는 재능 있고 열의에 가득찬 젊은이들로 가득 차 있으며, 그들 중 끼니를 걱정하지 않아도 되는 학생은 거의 없다는 사실을 그는 잘 알고 있었다. 그것은 수요와 공급에 관한 문제였다. 한 에는 재능을 갖추고, 의지가 있으며, 만들어 낼 수 있는 능력이 있는 사람들이 있고, 다른 한편에는 사실상 조악한 제품을 꾸준히 생산해내는 산업체들이 있었다. 그 젊은 예술가들이 도움이 될 수 있다. 그들은 모든 이의 삶의 질에 큰 변화를 가져올 수 있으며, 더욱 손쉽게 풍족하고 여유 있는 삶을 살도록 할 수 있다. 코스텔로는 그것을 가능케 하는 프로그램을 설립한 것이다.

커뮤니티의 창설

1938년부터 알렉산더 코스텔로가 세상을 떠난 1954년까지의 세월은 프랫의 기초 프로그램, 그리고 성장해 가는 산업디자인 학과와 떼어 놓고 생각할 수 없는 시기였다. 리드와 코스텔로는 뜻을 같이하여 공동의 목표를 위해 나아가는 사람들과 함께 하는 진정한 지적, 예술적 집단의 모임을 관장했다. 퀸즈 포레스트힐에 있는 그들의 아파트는 교사와 학생들의 모임 장소였다. 주말에는 동료들이 서부 뉴저지와 펜실베니아 경계 지역에 있는 그들의 집에 합류하기도 했다. 코스텔로는 직접 요리를 하여 손님을 접대하는 것을 즐겼다. 이 모임을 하나로 묶고 있던 지적인 노력과 협동적인 교수법은 놀라운 학습체험을 제공했다.

"공동작업으로 협동하여 서로 연계된 수업을 한 것이 비결이었습니다. 평면(2-D), 3차원(3-D) 디자인에 관한 강의를 들을 경우, 어떤 한 수업에서 배우는 것이 다른 수업에서도 큰 도움이 되지요. 예를 들어, 평면 디자인에서는 선으로 간단한 것들을 그리기 시작한다면, 리드의 3차원 디자인 수업에서는 철사로 작업하게 됩니다. 그것은 3차원 상에서 진행하는 같은 선의 작업인 거죠. 자연학습 시간에는, 자연사 박물관에 가서 종이 위에 동물을 스케치하게 됩니다. 그러면 3-D 시간에 동물을 입체적(3차원적)으로 스케치하고, 2-D 시간에는 동물의 추상적 형태를 그리게 하는 것이지요. 코스텔로는 이론적 기초를 다지기 위해 색채강의를 했고, 부드로 학장은 미술사와 지오토와 램브란트 작품의 색채에 대한 강의를 했습니다. 서로가 서로를 보완해주는 학습체험이 바로 그 핵심이었습니다. 몇 년 후, 시너지효과(synergistics)라는 과학용어가 생겨났지만 알렉산더 코스텔로는 이미 오래 전부터, 학습체험이 국부적인 것이 아니라 전체적인 효과임을 인식하고 있었습니다"라고 로날드 백맨은 말한다.

산업디자인과는 번영하였고 제2차 세계대전을 거치면서도 계속해서 디자이너들을 양성해냈다. 코스텔로는 전쟁수행을 돕기 위해 디자인 전공 학생들을 위한 특별 프로그램을 창설하기도 하였다. 1942년에 졸업하여 1966년 산업디자인과 학과장을 맡게 된 조셉 패리오트는 전시상황을 다음과 같이 기억한다. "코스텔로는 산업디자인과(ID) 학생들이 프랫에서 공부하였던 것들이 병역의 특정 부분에 있어서 매우 중요한 역할을 할 것이라고 생각했습니다. 1940년 전쟁이 심화되자, 코스텔로는 징병카드를 받은 학생들을 위해 매우 기발한 프로그램을 만들어냈습니다. 저는 공병대에 들어간 순간부터 디자인을 시작했습니다. 그리고 파리에서 노르망디 상륙과 라인강 횡단 모델을 만들고 있던 아이반 릭비와 로버트 콜리를 만나게 되었습니다. 우리는 전쟁동안 계속 디자인 교육을 받은 셈입니다."

아이반 릭비, 로웨나 리드,
로버트 콜리, 빅터 칸자니

1945년부터 1955년까지 10년간, 프랫 산업디자인은 제2차 세계대전과 한국전쟁 참전용사들이 제대군인 원호법에 따라 학교로 돌아오게 됨으로써 큰 호황을 누리게 된다. 이들, 연륜 있고 야망에 찬 학생들은 똑똑했으며, 집중력이 강했고, 삶에서 얻은 경험들을 가지고 있었다. 그들 중 일부는 가족들과 도서관 뜰에 있는 임시 막사에서 생활하고 있었다. 그들은 상을 받기 위해 노력했으며, 진지하고 열정적으로 학업에 임했다. 그들의 존재 자체만으로도 대다수가 갓 고등학교를 졸업한 10대인 다른 학생들에게 위기감을 안겨 주었다. 디자이너이자 출판업자인 제임스 풀톤(James Fulton)은 40년대 말을 다음과 같이 회상한다. "학교를 등교한 첫날, 난 눈을 동그랗게 뜨고 부시시한 차림으로 디자인 수업에 들어갔습니다. 항공대를 제대한 스물 여덟 살의 대위가 제 옆 자리에 앉았는데, 정말 위압감이 느껴지더군요. 그들은 엄청난 재능의 소유자들이었습니다."

1953년, 프랫의 산업디자인 프로그램은 3년 수료 과정에서 4년제 학위 프로그램으로 변경되었다. 코스텔로는 산업디자인 학과장이었으며, 인류학 과목에 '문명의 기술'이라는 과목을 추가하였고, 사회경제학 분야에도 강의과목을 추가하였다. 코스텔로는 우수한 디자이너는 박식하고, 작품에 정보를 담은 시각을 가져 올 수 있는 준비가 된, 문화적으로나 역사적으로 세련된 사람이어야 한다고 믿었다.

또한 산업디자이너는 현실주의자이어야 한다고 보았다. 코스텔로는 '시장에 속하는 것이 아니라 그저 단순히 시장을 훑어보는 디자이너'를 양성하고자 하지 않았으며, 디자이너가 산업에 참여하는 인자가 되어야 한다고 믿었다.

코스텔로는 프랫 디자인 연구소를 설립하고 공동 프로젝트에 착수하기 위해 미국내의 많은 선두 기업들과 협력하였다. 참여 기업들에는 플라스틱 부문의 몬산토(Monsanto) 화학, 레이놀즈(Reynolds) 철강회사와 같은 원자재 생산업체를 포함하여, 시어스(Sears)와 로벅(Roebuck) 그리고 쉘(Shell) 석유회사와 같은 대규모 판매업체와 엘진(Elgin) 시계회사, 고람 실버(Gorham Silver), E.A.전자와 같은 제조업체가 있었다. 이들 협력 기업체들은 학교 내에 작업 사무실을 두고 디자인 스탭진들이 번갈아 가며 학생들의 프로젝트를 조언해 주고 독자적인 연구를 하는 데 도움을 주었다.

세기 중반, 프랫은 세계에서 가장 우수한 디자인 학교였다. 프랫의 졸업생들은 직접 회사를 설립하거나 졸업과 동시에 고용되었다. 또 몇몇 졸업생들은 미국 전역과 전 세계에 산업 디자인 학과를 설립하고 교육을 했다. 리드와 코스텔로는 그러한 활동 그룹들의 핵심에 있었다.

제럴드 굴로타와 학생

"두 사람은 매우 달랐지만 서로를 보완해 주었지요. 리드와 코스텔로가 나란히 강의하면 그에 대항할 학교는 없었다고 생각합니다. 그 두 분에게 공부를 했다면 매우 광범위한 교육을 받은 것이죠. 코스텔로의 강의는 매우 훌륭했습니다. 단 한 순간도 지루하지가 않았죠. 색채를 강의할 경우, 코스텔로는 뉴튼의 이론을 파고들어 갑니다. 리드는 그와 같이 강의할 수는 없었던 반면에, 코스텔로는 리드처럼 작업에 대한 비평을 하지는 못하였습니다. 아서왕 이야기와 같은 로맨틱한 대립이었습니다." 코스텔로에게 배웠으며 1960년대에는 리드와 산업디자인 학부에서 함께 강의한 프랫의 건축학과 교수 윌리엄 카타볼로스(William Katavolos)는 이렇게 말한다.

"난 그 두 사람 사이에 어떤 균형이 이뤄졌던 것 같습니다. 심미적인 것과 기능적인 것 사이의 균형, 레이와 찰스 임즈 사이에 이루어진 것과 유사한 균형 말입니다. 코스텔로는 논리적인 이성적 사고를 가진 반면, 리드는 감성적 영혼을 가졌다고 생각합니다." 크레이그 보겔은 이렇게 회고한다.

1954년 여름, 리드와 코스텔로는 제너럴 모터스(General Motors)사의 '미래의 부엌(Kitchen of the Future)', 전기 냉장고 디자인 작업을 위해 디트로이트로 갔다. 그곳에서 코스텔로는 심장마비로 숨을 거둔다. 당시 58세였다.

타고난 추상적 감각

론 백맨은 이렇게 말한다. "알렉산더 코스텔로는 저글링의 명수였습니다. 모든 공을 공중에 띄워 놓는 데 천재였지요. 로웨나 리드는 단지 한 개의 공만을 갖고 묘기를 보였지만, 그 공 하나로 무엇이든 다 할 수 있었습니다." 로웨나 리드는 3차원 형태에 대해 대단한 집념을 갖고 있었다. 그리고 그녀는 평생의 동반자인 남편의 타계 이후 3차원적 추상개념을 전혀 다른 차원으로 이끌어 갔다.

프랫에서 코스텔로와 리드에게 교육을 받은 최고의 졸업생이었으며 후에 산업디자인 교수진의 멤버가 된 윌리엄 포글러(William Fogler)에 의하면 "코스텔로는 서양 최고의 미술과 디자인의 추상주의 인재들에 대한 자신의 연구를 토대로 로웨나 리드가 매우 중요시 여긴 3차원적 시각적 추상개념에 관한 기초과정을 창설하였다. 코스텔로와 비교해 보면, 로웨나 리드가 창설한 시각적 추상개념의 상급과정들은 그녀 스스로가 체험하고 본 것들에 기반을 두고 있었다. 코스텔로의 공헌은 절충적이었고, 서양 미학에서 찾을 수 있는 최고의 통찰력을 포용했다. 반면에, 로웨나의 공헌은 자신의 시각적 체험에 중심을 둔 것이었으며, 그것은 타고난 재능을 지닌 한 여성의 통찰력으로 빛을 발하는 것이었다. 알렉산더 코스텔로는 그 차이점을 이렇게 설명했다. "나로서는 추상주의를 배우는 데 수년이 걸렸지만 리드는 이미 그 능력을 가지고 태어난 사람이다."

포글러의 말에 의하면, "그녀는 어느 누구와도 지적으로나 전문적으로 직접 연결되어 있지 않았다. 그녀는 자신의 남편이나 구성주의자들, 그리고 유럽의 디자이너들과 달랐다. 그녀는 매우 복합적인 사람이었다. 그리고 매우 독창적이었다. 그녀의 통찰력은 종이(2차원) 위에 3차원적 물체나 공간을 만들어낼 수는 없다는 것을 간파해내었다. 또한 그녀는 자신이 추상적인 시각적 자극에 대한 잠재적인 가능성을 가르치고 있다는 것을 알고 있었다."

일본에서 활동 중인 미도리 이마타케(Midori Imatake)에 의하면, "우리들 중 대부분이 그녀의 수업을 들은 지 언 30 - 40년이 되었습니다. 하지만 그녀의 작업 과정과 철학에 대한 우리의 인식은 더욱 심화되었어요. 그리고 나는 그녀가 가르쳤던 지혜와 그 타당성은 과학적으로 증명된 인간 두뇌의 시각기능으로 인해 확인되었다고 생각합니다."

1960년대에는 교육에 대한 체계적인 접근이 쉽지 않았다. "기초과정은 카페테리아식 접근방법(자신이 알아서 챙겨 먹는 자급방식)으로 묶여 있었다"고 어려운 시기던 그 당시 프랫에서 강의를 했던 유진 가펑클(Eugene Garfinkle)은 말한다. 기초과정은 뒤쳐진 활동 분야가 되어버렸다. 로웨나의 옛 동료들은 이미 세상을 떠났거나 퇴임을 한 상태였다. 얼마 전까지만 해도 아이반 릭비(Ivan Rigby), 로버트 콜리(Robert Kolli, 그는 코스텔로가 세상을 떠난 후 학과장이 되었다) 등을 비롯해 그녀의 측근에서 초기부터 헌신해 온 몇몇의 교수들과 윌리엄 포글러, 리챠드 웰치(Richard Welch), 제리 굴로타와 같이 그녀가 가르친 그룹이 있었다. 그러나 전임으로 강의를 하는 교수진은 이전에 비해 적어졌고, 다른 사람들은 진부하거나 시대

에 뒤떨어진 시각을 가진 명성이 없는 학교나 훈련원에서 왔다. 비록 기초과정을 보전하는 과업이 승산 없는 투쟁처럼 보였을지는 모르지만, 그래도 로웨나는 실패를 용납하지는 않으려 했다.

로웨나 리드는 1962년에 프랫의 산업디자인과의 학장으로 임명되었다. 그 후 4년 동안, 학과의 학생들은 그녀의 지도 아래 두 번의 중요한 작품 전시회를 준비했다. 하나는 1965년 맨하튼 IBM 갤러리, 그리고 다른 하나는 67년의 몬트리올 엑스포였다. 여기서 프랫은 ICSID(국제 산업디자인 협회, 1957년 설립) 전시관에 참석을 초대 받은 3개의 미국 디자인 학교들 중에 하나였다. 마감기한과 예산에 쫓겨 인내의 한계를 경험했던 학생들은 세밀히 조사하며 비평하고, 옳다고 여길 때까지 이 과정을 반복하게 하는 신성 불가침과 같은 로웨나의 실습을 막을 수가 없었다. 60년대 중반에 로웨나에게 배웠던 조각가 존 배(Jon Pai, 한국계 미국 조각가)는 이렇게 회상한다. "IBM 갤러리 전시회를 위해 준비하던 일이 기억납니다. 그곳을 한번 찾아가 본 적이 있는데 구성진들이 그냥 자리에 음울하게 앉아있었습니다. 그들은 아무 말도 하지 않고 있었고, 방 저 편에서 무게 있게 팔짱을 끼고 혼자 서있는 로웨나가 보였습니다. 벽 색깔이 마음에 들지 않자 즉시 다른 색으로 칠하기를 요구했던 것입니다. 무엇이건 대충 넘어가는 법이 없었지요."

1966년 그녀가 정년 퇴임을 할 당시에는 로웨나 리드라는 이름은 프랫 산업디자인 학과와 동의어였다. 아서 풀로스는 "프랫의 접근법은 곧 로웨나 리드의 접근법이나 마찬가지였다. 만일 프랫을 위한 조형물이라는 표현이 적합한 단어라면, 이를 제일 먼저 선점한 사람도 로웨나 리드이다. 그녀는 형태란 어느 누구도 할 수 없고, 오직 산업디자이너만이 다룰 수 있는 어떤 것으로 보았다"라고 기술했다. 또한, 윌리엄 포글러는 "그녀는 산업디자인에서 공간과 형태에 관하여 최고의 권위자가 되었다"고 주장하였다.

로웨나는 명예교수 칭호를 얻은 이후에도 이십년 이상, 공간분석 과목을 가르쳤다. 그녀는 조각과 디자인 공모전에서 심사를 하였고, 국내를 포함해 유럽 각지에서 여러 학교와 전문업체들을 대상으로 강의를 했다. 그녀는 계속해서 산업디자이너와 산업디자인 교육을 위해 거침없는 대변자로서 활동했다.

제리 로스, 제리 오쿠다,
찰스 임즈, 로웨나 리드,
조 페리오트

"산업디자인은 엔지니어들이 전적으로 기계적인 작업에 의존하던 것에 저항하는 반응으로서 시작되었지요"라고 그녀는 단언했다. "명확한 디자인 성명을 제시하는 물건을 디자인하는 사람이 필요했던 것입니다. 산업디자이너들은 산업계를 살리기 위해 투여 되었고, 그들은 그것을 해냈지요. 산업디자이너들은 미국 산업계를 되살리는 데 성공했지만, 전혀 그 공로를 인정 받지 못했습니다. 우리 정부는 몇몇 유럽 국가에서 하듯이 디자인 학교들을 위해 후원을 해준 적이 없습니다. 하지만 유럽은 그와는 다

른 방식으로 디자인을 후원을 했습니다. 이를테면 공공부문 관련 투자는 더 좋은 디자인이 나오기 위한 유리한 조건을 조성할 뿐만 아니라 소비자들이 그 디자인에 대해서 더 깊이 인식하게 합니다. 이로 인해 디자이너는 자신의 기여도가 매우 중요하다는 것을 느끼게 됩니다. 디자인으로 가장 큰 이득을 본 이 나라는 이러한 전문직에 대한 인지도와 지지도가 매우 낮습니다.”

“그녀는 실로 선교사와도 같았습니다.” 조각가 존 배는 이렇게 말한다. “그녀는 이 사회가 어떻게 변화되었으면 하는 이상향을 가진 선교사의 정신과 디자이너들이 그것을 해낼 수 있다는 믿음을 가지고 있었습니다.”

로웨나가 산업디자이너들이 이루어 나가야 한다고 보았던 디자인 성명이란 물체의 시각적 가치에 대한 것이었다. “그녀는 디자인을 할 때 모터를 어디에다 달든 상관하지 않습니다”라고 브루스 하나는 말했다. 그리고 루이스 넬슨에 의하면, “기능에 관한 그녀의 견해는 결국 그와 같은 것들에 대해서는 다른 전문적인 곳에 가서 배우라는 것이었다.”

1962년 로웨나는 파리 국제 디자이너 컨퍼런스에서 연설을 한 적이 있었는데, 그곳에서 그녀는 디자인의 개념을 구조적이나 기능적으로 그 해결책을 추구하는 것으로 축소시키려는 사람들을 질책했다. “그들은 시각적인 구성은 그것 자체로 디자인에 대한 훈련이 될 수 있다는 것과 디자이너에게 필수적이라는 것, 또는 디자인 지향적인 사람의 개념적 사고는 엔지니어의 개념적 사고에 접근할 수 있다는 것을 인정하지 않았습니다.” 로웨나는 “절대로 기능적 편리를 위해 나쁜 디자인을 했다고 변명하지 말라”고 자신의 제자들에게 경고했다.

1970년도에 로웨나는 미국 뉴욕 산업디자이너 협회(IDSA)에서 수여하는 ‘브론즈 에플(Bronze Apple)’ 디자인상과 멕시코시티 IDSA협회에서 수여하는 ‘미국 디자인 상(Design in the Americas Award)’을 받았다. 1972년에는 프랫에서 그녀에게 ‘우수 초빙 교수 상(Distinguished Visiting Faculty Award)’을 수여했다.

몬트리올 엑스포 67의 Designer's Pavilion에 전시된 프랫의 ICSID전시

말년의 반 은퇴 생활은 오히려 그녀에겐 장애가 되었다. 로웨나 리드는 전적으로 사회적인 사람이었다. 그녀는 자신의 인생을 한 순간이라도 혼자 보내는 쪽으로 계획해 본 적이 없다. 70살이 되면서 퀸즈에 위치한 자신의 아파트가 모든 일의 중심에서 멀리 있는 것처럼 느껴졌다. 결국 1972년 로웨나는 그 아파트를 처분하고 소호에 있는 미완공된 로프트(공간이 트인 맨 위층 방)로 옮겼다.

하우스턴과 캐널가 사이에 위치한 그 지역의 재건이 이제 막 시작되었을 뿐이지만, 그녀의 제자들 몇 명을 포함한 아티스트들과 디자이너들이 서서히 이사를 오기 시작했고, 로웨나는 그 지역의 장래성을 느꼈다. "내 생각에 이 동네가 점점 살기 흥미로운 곳으로 될 것 같아"라고 말했고, 친구들과 가족의 반대에도 불구하고 웨스트 하우스톤가를 훤히 내려다 볼 수 있는 커다란 벽돌로 지은 로프트 방을 갖게 되었다.

로웨나는 방의 한가운데에 책꽂이와 침대를 놓아 생활공간과 작업공간을 분리하여, 탁 트인 넓은 공간을 만끽했다. 그녀는 손이 닿기 쉽게 카운터 아래에 수납장을 만들었고, 오븐을 가질 형편이 못되었기 때문에 오븐이 없는 간단한 주방을 디자인했다. 그 대신에 한 제자가 그녀에게 오븐 토스터를 선물했다. 그녀는 임즈의 의자, 그랜드 피아노, 그리고 그녀의 샴고양이 잭크는 데리고 왔지만, 그녀가 아끼던 볼보 자동차는 두고 왔다. 그녀는 알렉산더의 그림들을 벽에 높이 걸었다. 한 달에 한번씩 그녀는 동네 꽃가게에서 월계수 나무 한 다발을 배달하여 문 옆에 있는 큰 항아리에 꽂았다.

로웨나는 동네에서도 낯익은 인물이 되어갔다. 가우초 모자와 케이프를 두루고 '딘 앤 델루카'에서 고급 요리를 사가는 가녀린 체구를 가진 숙녀로 알려졌고, '웨스트 브로드웨이' 미용실에서 빨간 머리 염색과 두건을 하고 천진난만한 소녀들과 '아녜스 비'에서 쇼핑을 하는 사람이었다. "그녀는 유명 디자이너 의상과 훌륭한 음식들과 같은 고급스러운 것들을 좋아했다"고 리타수 시걸은 회상한다. 시걸은 1960년대에 그녀의 학생이었고 현재 디자인 연구 조사와 컨설턴트 업을 하는 선두 회사의 대표로 일하고 있다. "그녀는 사실 퇴직 연금으로 살아가야 할만큼 가난했지만, 고급스러운 것을 대할 때면 마치 그런 것에 길들여진 것처럼 서슴없이 받아 들였다."

로웨나는 여러 제자들의 요청으로 그녀의 집에서 개인 교습을 하기 시작했다. 이렇게 시작된 '토요일 수업'은 그녀만이 보여줄 수 있는 추상적 경험과 혹독한 비평을 원하는 현직 디자이너들과 건축가들에게 큰 매력으로 다가왔다. 그녀가 프랫에서 시간제로 강의를 할 당시에는, 정교수로 일하던 시절 마지막 해에 개발하기 시작했던 몇 가지 새로운 '실습'에 초점을 두었다. 그것이 바로 공간분석 연습이다. 학생들은 그것을 '공간상자'라고 불렀다. 그것은 적극적 공간과 소극적 공간에 관한 열성적인 탐

구와 그녀의 가장 깊은 관심사를 실현하는 것으로써, 건축학과에서 진행하는 초기 기초과정 과제의 연장이었다. "개인적으로 나는 공간의 모든 개념에 강렬하게 반응한다"고 그녀는 말했다. "나는 형태나 유기적인 입체에는 매우 예리하지만, 그것을 공간으로 가져가면 실질적으로 장님이 되어 버리는 사람들을 보아왔다. 그 사람들이 그것에 대해 더 많은 것들을 깨달을 수 있도록 해 주고 싶은 바람이다." 그녀는 공간적 관계에 대해 자신이 이해하고 있는 것들을 펼치는 것, 그리고 그에 대한 학생들의 감각을 향상 시키는 데에 몰두했다.

프랫 초창기에 리드와 함께 강의를 했던 도예가 에바 지젤(Eva Zeisel)처럼 디자인에 있어서 그녀가 하나의 '스타일'을 창조한 책임을 져야 한다고 보는 사람들도 있다. "그녀는 몇 세대의 학생들을 좋은 방향으로 이끌었지요. 그리고 비대칭(asymmetry)은 로웨나의 아이디어를 표현하는 주된 방식 중 하나였습니다. 비대칭적이 되어야 한다는 사실 자체가 하나의 스타일이었어요. 이 전통적인 구성에 대한 반작용이 어디서 비롯되었는지는 알 수 없지만, 그것은 그녀의 강의를 통해 수천 가지의 물체와 건물들의 일반적인 양상이 되었습니다."

제리 굴로타는 그것이 탐구와 발견을 필요로 한 그녀 자신으로부터 왔다고 믿는다. "대칭은 매우 아름다운 개념입니다. 하지만 대칭적인 것은 손쉽게 보이지요. 거기에는 모험이나 검증이 필요 없습니다. 그녀에게 대칭적인 것은 결코 문제가 될 만한 것이 아니었습니다."

리드 스스로가 교수법의 전략으로서 그녀의 강의에서 비대칭에 초점을 두는 이유를 증명해 보였다. "대칭은 아름다울 수는 있지만, 쉬운 방법"이라고 그녀는 제자들에게 말했다. "어떤 댄서라도 두 발로 설 때에는 곧게 설 수 있지요. 하지만 한발은 땅을 짚고 다른 한쪽 발은 하늘을 향해 치켜올린 역동적인 자세는 어려운 것입니다. 역동적인 축을 요구하는 이유는 대부분의 사람들이 그것을 다루기 힘들어 하기 때문이지요. 훈련에 의해, 그리고 가장 어려운 작업을 수행하는 것을 배움으로 인해, 디자인 능력은 강화되는 것입니다. 그를 통해 자기 자신을 더 명확하고 강하게 표현할 수 있게 되는 것입니다. 표현하고 싶은 내용을 정확하게 조정할 수 있게 되기 때문이지요."

1950년도 초에 리드와 코스텔로에게 공부를 했던 디자이너 겸 교수인 루시아 드레스피니스(Lucia DeRespinis)는 이렇게 설명한다. "로웨나는 그 역동적인 움직임을 향한 열정을 통해 제자들의 디자인에 큰 영향을 줬어요. 조용하고 정적인 디자인에 대해서는 절대로 흥분하는 경우가 없었죠." 하지만 그녀가 스타일을 육성했다는 생각에 대하여 강한 반론을 제기했다. "로웨나의 수업에서 가르치는 '스타일'은 엄격히 통제된 발레 수업에서 배우는 것과 다를 바가 없습니다"라고 지나 카스피는 주장한다. "그 학습은 구체적이고 주어진 범위에서 약점을 강화하는 것을 강조했지요. 하지만 댄서들이 각기 자신의 표현을 위해 그 훈련을 이용하듯이 그녀의 제자들도 그렇게 했습니다."

"로웨나는 결과물이 아닌 디자인의 진행 과정에 초점을 두었습니다"라고 전시와 환경 디자이너인 랄프 애플밤(Ralph Applebaum)은 설명한다. 그녀는 작업의 진행을 눈과 감각에 주안점을 두었기 때문에, 스타일에 관해 토론하는 형식으로 학생들을 이끌어가지 않았다.

그녀는 아름다운 형식의 해결 방안을 가능케 하는 세련된 직관을 사용하는 것에는 많은 관심을 보였으나, 어떤 특정한 형식적인 해결 방안을 고려하는 것에 대해서는 관심을 덜 보였다. "그녀는 직관적이고 분석적이었습니다." 1960년도에 로웨나에게 공부를 했던 산업디자이너 겸 교수인 조지 슈미트(George Schmidt)가 말했다. "그녀의 공헌은 학생들이 형태와 공간에 대해 직관적으로 이해하는 법을 습득할 수 있도록 도와준 것이었습니다. 거기에는 물리나 수학에서와 같은 종류의 법칙들은 아니지만 우리가 해결해 나갈 수 있는 법칙들이 있습니다. 중요한 것은 바로 그 관계를 이해하는 것이고, 그것은 실용적인 경험이라기 보다는 직관적인 경험에 대한 것이라고 볼 수 있습니다."

존 배는 "그녀는 이것이 작업의 진행 과정에서 이뤄지는 것임을 이해했습니다"라고 말한다. "음악에서는 마스터 클래스에서 볼 수 있습니다. 그것을 포착해내는 것에 대해 글이나 말로 표현할 수 있는 것은 아무것도 없습니다."

로웨나 리드는 그녀의 디자인 원리 만큼이나 강의실에서의 기품 있는 태도를 통해 학생들에게 많은 영향을 주었다. 그녀는 조용하고 당당했다. 그녀의 말씨는 부드러웠고 완벽했으며 정확한 문장으로 권위 있게 말을 했다. 그녀는 의식적으로 신중하게 제스처를 사용하였고, 그로 인해 큰 효과를 보았다. 한번은, 어떤 학생이 찍은 자신의 스냅 사진을 보면서, "어쩌면 이렇게 3차원적으로 앉아 있을까?" 하며 놀라워 했다고 한다.

"그녀는 거의 아이콘과 같은, 신화적인 인물이었습니다." 보석 디자이너 테드 퓰링(Ted Muehling)에 따르면 "하지만 그녀는 굉장히 직선적이었고 진실했으며 성실했습니다. 빗대어 말하는 법이 없었습니다. 그리고 모든 사람들이 지적이기 위한 기준을 빗대어서 풍자하여 말하는 것으로 믿고 있던 시절에 그와 같은 점은 그녀가 대단한 영향력을 갖게 만들었습니다."

그녀는 다정다감하고 섬세했으며, 목적에 대한 냉철한 감각을 지니고 있었다. 전형적인 로웨나의 수업에서는 대개 간략한 강의가 있고, 이어서 몇 시간 동안의 견디기 힘든 비평을 하는 시간이 이어진다. "연약하면서도 열정적이고 완벽하게 프로페셔널한 그녀는 책상 한 모퉁이 높은 의자에 앉아서 완벽하게 디자인을 설명했다"고 안스파흐 그로스맨 엔터프라이즈(Anspach Grossman Enterprise)의 설립자이자 대표인 진 그로스맨(Gene Grossman)은 회상한다.

그런 다음, 그녀는 학생들의 작품을 하나하나씩 주시하여 살펴보았다. 작업을 이리저리 돌려가며, 오랜 시간 동안 주시하면서 모든 각도에서 평을 하였다. 작품의 구성력과 균형성에 대해 논평하고, 포인터를 이용하여, 여기는 1mm정도 깎고 저기는 2mm정도 붙여 주는 것이 좋다고 제안했다. 로웨나는 수업 중에 모든 학생들이 그녀와 함께 학생 개개인의 작업들을 살펴 보기를 요구했다. 로웨나는 학생들이 자신의 작품에서 뿐만 아니라, 다른 사람의 실패와 성공에서도 충분히 배운다고 믿었다. 학생들에게는 누군가가 자신들의 작품을 그렇게 오랫동안 열심히 들여다보는 사람이 있다는 것 자체가 특이한 경험이었다. 그녀의 판별력은 신비로움 그 자체였다. 그녀가 모든 문제들에 대해 끊임없이 해결 방안을 제시하길 요구하는 것은 어떻게 보면 매우 지치게 하는 일일 수 있다. 하지만 그녀는 마지막 남은 한 사람의 작품을 해부할 때까지 그 자리를 지켰다.

"나는 그녀가 디자인을 살펴보고 있는 모습을 아직도 기억합니다." 프랭크 그룬왈드(Frank Grunwald)는 이렇게 회고한다. 그는 50년대 후반에 로웨나에게 공부를 했고, 오늘날에는 톰슨 전자(Thomson Consumer Electronics)의 글로벌 디자인과 연구소에 매니저로 있다. 그는 "어떻게 그렇게 가까이 그 모든 각도에서 분석할 수 있는지. 가까이서든 멀리서든 그녀의 눈은 모든 선과 면의 움직임을 분석했습니다. 정말 열정적인 분이었죠. 그 무엇도 그녀를 혼란스럽게 할 수는 없었습니다. 로웨나는 형태를 이해하기 위해 항상 연구하고 그에 대한 해답을 찾으려고 노력했습니다. 단지 형태의 표면뿐만 아니라 그 내부의 구조까지도 이해하려고 하셨습니다."

"그녀와의 대화에는 매우 순수한 어떤 것이 있었습니다." 60년대 초반에 로웨나에게 공부했고, 현재 디자이너로 일하고 있는 파멜라 월터스(Pamela Walters)는 "그 대화는 상대방에 관한 것이 아닌, 항상 작품에 관한 것이었습니다"라고 말한다.

모든 학생들이 그녀의 정밀조사를 견뎌내는 것은 아니었다. 하지만 그것을 견뎌내는 학생들은 그 경험을 만끽했다. 현재 프랫 산업디자인과의 학과장을 맡고 있는 데보라 존슨(Debera Jonhson)은 "12명의 학생들이 로웨나가 주시하는 그 공간박스들 속으로 가능한 가까이 가려고 애를 썼습니다. 우리는 그곳에서 하루 해가 저물어 완전히 어두워질 때까지 무려 여섯 시간 동안이나 그것을 지켜보고 있었지요."라고 회고한다.

"그녀에게 있어 가르침이란 헌신이었습니다." 빌 카타볼로스는 또 이렇게 설명한다. "그녀가 너무나도 완전하게 비우고 비평에 임하는 것을 지켜보는 것은 거의 고통에 가까운 것이었습니다. 그녀는 무엇이든지 선입견적인 개념은 전혀 갖지 않았습니다. 단지 그녀는 작품을 이리저리 돌려보고, 중간중간에 몸을 풀어 가며 계속해서 몇 시간 동안 관찰을 했습니다. 나는 항상 그렇게 열린 마음으로 임하는 그녀의 자세를 존경했습니다. 그것은 위대한 스승을 증명해주는 것이지요."

리챠드 웰치에 의하면, "로웨나는 이 세상에서 가장 뛰어난 안목을 가지고 있었습니다. 같은 작품을 들고 10년 후에 다시 찾아가 본다 해도, 그녀는 똑같이, '그래…… . 하지만 이건 확실히 아니야'라고 말할 것입니다. 그녀는 중견 디자이너들의 작품을 보든 고전적 현대 작품을 보든지 간에, 판단의 배려와 기준이 동일했습니다. 한번은 그녀가 스스로가 '난 곧잘 내가 누구에게 말하고 있는지를 잊어버리고 그 디자인에 대해 얘기하곤 해요'라고 설명했습니다."

"당신이 그녀와 함께 해체주의자(deconstructivist)들의 전시가 열린 미술관에 가게 된다면, 거기에는 대단한 지식인들이 다 모여 있을 테고, 로웨나가 그들의 작품을 마치 대학교 3학년 학생의 작품을 대하듯이 심사하는 것을 보게 될 겁니다. 그녀가 이미 40년간이나 해온 이 일의 마지막 단계에 이르러서야, 겨우 그것의 끄트머리를 붙잡고 이끌어 가려는 생각을 하고 있는 점잖은 지식인 관중들을 향해 큰 소리로 비평을 시작할 것입니다"라고 빌 카타볼로스는 회상한다.

비평은 결코 끝나지 않았다. 로웨나의 60년대 제자들인 브루스 하나와 앤드류 모리슨(Andrew Morrison)은 놀 인터내셔널(Knoll International) 사를 위해 가구를 디자인했다. 브루스 하나는 '모리슨/하나 사무용 의자(the Morrison/Hannah Office Chair)'를 소개하는 그 기념 파티를 이렇게 회고한다. "그 자리에는 선두주자 디자이너들과 건축가들, 기자들이 와있었고, 로웨나도 거기에 있었습니다. 그녀가 의자의 디자인에 관하여 평하기 시작하자 모든 사람들이 주변으로 모여들었고, 우리에게는 찬사가 쏟아졌죠. 그리고는 인터뷰가 끝나고 관중들도 흩어져, 로웨나도 보이지 않았습니다. 대략 30분이 지나서, 누군가가 내 옷소매를 살짝 잡아당기는 것을 느꼈습니다. 그녀는 '브루스, 의자 팔걸이 뒷부분의 곡선은 좋은데, 앞부분 곡선은 약간 손을 보아야 할 것 같아요'하고 부드럽게 말했습니다."

로웨나는 제자들의 작품을 그들 스스로가 기억하는 것보다도 더 자세히 기억해냈다. 몇 년이 지난 후에도 조각 과제에 대한 어느 한 학생의 해결 방안의 자세한 것들이나, 다른 학생의 아름다운 철사 작업을 기억해 내곤 했다. 하지만 우습게도 안경이나 열

쇠를 어디에 놓았는지는 기억하지 못했다. 그녀를 아는 사람이라면 누구든 가끔가다 한번씩 총동원해서 검색에 나서는 경험을 해야 했다. 이따금 그녀는 더 큰 것을 잊어버리기도 했다. 그녀의 학생들은 그녀가 디자인 컨퍼런스를 위해 보스턴으로 차를 몰고 가서, 집에 돌아 올 때는 기차로 오는 그룹과 함께 와버린 에피소드를 이야기하며 즐거워한다. 그녀는 브루클린에 돌아오고 반나절이 지나서야 보스턴의 어느 한 동네 길거리에 자신의 자동차를 주차해두었다는 사실을 기억해냈다.

그녀는 항상 자신만의 시간 속에서 현재 시제로 살아갔다. 그녀를 수십 년간 알아온 사람들 조차도 그녀의 유아시절이나 가족관계 그리고 일반적인 과거에 대해 잘 몰랐다. 그녀는 과거를 추억하려 하지 않았다. 그녀의 어릴 적 이야기들 몇 가지는 그녀가 관심을 쏟게 된 현재의 실험들에 대한 바탕을 이루게 된 이야기들이다. 그녀의 타고난 사교성으로 옛 제자들과 오랫동안 끊임없는 인연을 맺어왔다. 그들은 그녀에게 종일 전화를 하기도 하고 자주 그녀의 아파트를 방문했으며, 함께 학교(프랫)에 차를 타고 가기도 하고 점심을 같이 먹기도 했다. 그녀가 출장을 다녀 올 때면 항상 마중 나와 줬고, 그들이 시내로 나올 때면 그녀의 소파에서 잠을 자기도 했다. 그녀가 시골에 있는 집을 포기한 후에는 그들이 심부름을 해줬고 서류와 슬라이드 더미를 정리하는 일을 도와주었으며, 주말에는 함께 외국으로 가기도 했다.

로웨나는 수 년에 거쳐 여러 학생, 특히 여성들에게 좋은 선도자가 되었다. 1950년대와 1960년대 사이에, 그녀는 산업디자인과를 졸업한 여학생들에게 그 당시 여성들이 많이 들어가지 못했던 산업 현장 또는 회사, 예를 들어 제너럴 모터스와 같은 회사에 들어가는 것을 권장했다. 남성위주의 체제와 전문직에서 주체가 되는 인물로서, 그녀의 격려는 그 권위적인 위세에 구멍을 냈다. 그녀가 조언해 주었던 여러 여성들은 그녀의 메시지를 전하는 진지한 제자들이 되었다. "그분은 단지 나의 교육을 위해 가르친 것이 아니라, 나를 교사로 만들기 위해 노력하셨지요. 아마도 내게 횃불을 넘겨주려는 뜻이 었던 것 같습니다"라고 지나 카스피가 말한다. 카스피는 3차원 기초원리를 로웨나의 방법과 용어로 충실하게 가르쳤고, 케이트 힉슨은 주도 면밀하게 공간분석 과목의 커리큘럼과 로웨나의 디자인 용어를 보존했다.

"그녀는 동시에 많은 사람들에게 선도자로서의 역할을 할 수 있는 능력을 가지고 있었습니다"라고 랄프 애플밤이 말한다. "교사는 보편적으로 수업 중에 주로 한 명의 학생을 주시하게 됩니다. 그러나 그녀의 수업을 들었던 많은 제자들이 로웨나 리드는 바로 자신의 선도자라고 느꼈습니다. 어쩌면 리드 자신은 그것을 알아차리지 못했을 텐데도 말입니다. 그러한 것은 교사로서 갖는 매우 강렬한 힘입니다. 그녀는 삶의 방법과 사고방식에 대한 본보기였습니다. 그녀에게 공부하는 것은 개인적인 탐색으로 이어졌습니다."

디자이너 루이스 넬슨에 따르면, "로웨나는 좋은 물건을 디자인하는 데 투자하는 방법을 알고 있었습니다. 디자인 원리를 이용하거나 시간을 갖고 그것을 탐구하는 것은 현실적으로 쉽지 않은 일입니다. 하지만 로웨나는 나의 디자인 매니즈먼트에 크게 영향을 주었습니다. 어떤 아름다운 것을 창조하기 위해서는 인내를 가져야 한다는 것을 깨닫게 해준 것입니다."

로웨나는 체계적인 학습체험을 통해 시각적 원리에 대해 가르치기 위하여 헌신했다. 그리고 그 원리를 모르고는 최고의 작품을 만들 수 없다는 신념을 가지고 있었다. 로웨나는 그 경험들이 형태를 창조해 내는 본질적인 것이라는 신념을 결코 바꾸지 않았다. 그녀는 음악에 비유하여 설명하곤 했다. "교향곡 연주자들은 귀로 연주하지 않지만, 대부분의 예술가들은 귀로 연주를 하지요. 시각적 상호관계에 대한 훈련에는 음악의 훈련에 견줄 수 있는 것이 있습니다. 그리고 그것이 바로 우리가 배워야하는 것이지요. 어떤 학생들은 '이것은 나의 개성을 말살하고, 나한테서 무언가를 빼앗아가 버릴 거야. 난 느낄 때는 생각을 할 수가 없어'라고 말합니다. 하지만 만일 정말로 동시에 느끼고 생각할 수 없다면, 애당초 교육을 받으려고 하지 않는 편이 나을 것입니다."

로웨나는 3차원 형태를 만들기 위해서는 3차원적으로 작업을 해야만 한다고 확신했다. 그것은 그녀의 진언이었다. "모든 3차원(3-D) 제품은 3차원적으로 디자인 되어야 합니다. 종이 위에 훌륭한 3차원적(입체) 디자인을 전개할 수는 없습니다. 그것은 마치 조각상을 종이 위에 그리는 것과 같습니다. 소극적인 공간도 다루어야 하기 때문에, 2차원에서는 그것을 할 수가 없습니다."

로웨나는 평생 동안 2차원적인 교육과 실습 접근법에 대한 건축 전문 분야와 관련된 용어들과 투쟁해왔다. 공간분석 수업에서 한 학생에게 그녀가 질문을 했다. "지금 그림을 그리고 있나요?" 그리고, 무슨 변명을 할지를 예상한 듯 머리를 갸우뚱거리며 이렇게 다시 질문을 했다. "이 수업에 오기 전에 어떤 공부를 했습니까?" 학생들이 건축에 관련하여 순진하게 설명을 시작하자, 그녀는 천천히 열까지 세고는 큰 소리로, "그렇지요! 그것이 바로 건축 분야의 작업 방법이지만, 그것은 틀린 방법입니다"라고 최종 결론을 내렸다. "여러분은 3차원적으로 곧바로 생각할 줄 알아야 합니다. 공간에서 3차원적으로 정리하는 방법을 안다면, 3차원적으로 그리는 방법을 배울 수 있습니다. 그러나 그것이 디자인을 하기 위한 방법은 아닙니다."

실제로 토요일반의 학생들 대다수가 부족한 3차원 작업 훈련을 보충하기 위해 찾아오는 건축가들이었다. 프랫에 있는 조지 슈미트에 의하면, "석사과정과 건축과의 몇몇 학생들이 기초과정 수업을 들었습니다. 공간에 대한 강의에서는 그녀를 따를 만한 사람이 없었기 때문이지요."

시각적 추상개념의 이해하기 위한 그녀의 개념, 즉 주체, 부속체, 종속체, 긴장, 그리고 적극적 공간과 소극적 공간은 그 세계를 이해해 나가는 그녀만의 코드였다. 그녀는 그 개념을 사람의 성격을 판단하는 데에서부터 부르클린 다리를 협상하는 일에 이르기까지, 삶의 모든 방면에 활용했다. 도로의 3개 차선을 이리저리 고속으로 달리면서, 숨을 죽이고 있는 차 안의 사람들에게 그녀는 "내가 바로 주체가 되는 운전자군요"라고 나지막이 농담을 하곤 했다.

그녀는 어떤 학생이든 기초과정 수업을 받지 않았다고 해서, 그들이 하고 있는 것이 무엇인지를 이해하지 못하는 학생들에게는 서슴지 않고 일러주었다. "프랫의 기초과정은 수학과도 같습니다. 정말 똑똑하다면 기초보다 미분적분을 먼저 시작해도 될 듯하겠지만, 언젠가는 누군가 긴 나눗셈 공식을 들고 와서 풀어달라고 할 것입니다. 여러분이 아무리 실력이 좋아도 기초가 있는 것이 없는 것보다 나을 것입니다."

"지금은 못 느끼겠지만, 지금으로부터 몇 년 후 여러분들은 내 목소리를 기억할 것입니다. 왜냐하면 마침내 여러분이 모든 것을 보게 되는 순간, 내가 한 말들이 이해가 될 테니까요."

로웨나에게 있어서 가르친다는 것은 평생 배우는 것이었다. "가르침이란 놀라운 모험이지요. 실험을 할 수 있는 거대한 실험실을 가지는 것과도 같습니다"라고 그녀는 설명했다. "내가 받아온 교육에서 뭔가 부족하다고 느꼈던 것을 나 자신을 위해 명백하게 설명하려는 것이었습니다. 나는 계속해서 같은 본질적인 것들을 가르쳤지요. 하지만 나는 나 자신과 다른 사람들에게 그것을 더욱 명확히 하기 위해 노력하고, 매년 점점 더 깊이 파고 들어가고 있었습니다."

로웨나 리드는 1988년 가을, 심장마비로 고통을 겪었다. 그녀가 일생 동안 가족과 친구들에게 둘러 쌓여있던 것처럼, 그녀의 마지막 날에도 모두가 그녀 곁을 지켜 주었다. 말년에 접어들어, 시력을 잃게 됨으로 인해 뉴욕 타임즈를 읽는 것과 같은 일상적인 일들을 지속할 수 없게 되자, 자신의 무력함을 슬퍼했다. 로웨나는 결국 1988년 9월 14일 세상을 떠났다.

그녀는 항상 형태 창조자로서의 역할을 디자이너의 가장 근본적인 것으로 강조했다.

"우리의 풍요로운 일상생활을 위한 시각적 해결 방안을 찾아 발전시켜 나가야 한다는 디자이너의 첫 번째 임무에 대한 관심과 노력이 아직 충분하지 않습니다."

"물론, 적절하게 기능하지 못하는 제품은 좋은 것이라 볼 수 없습니다. 물건이라는 것은 그것이 무엇인지 아주 직접적으로 표현할 수 있어야 합니다. 하지만 디자인은 그와 동시에 그 자체로서 아름답게 표현되어야 하는 것입니다."

"우리는, 예술가가 어떤 디자인 상황에서 추상적 요소들에 대해 그들의 이해력과 인지 능력을 발달시킬 수 있는, 순수한 시각적 체험의 과정 속으로 학생들을 인도합니다. 자동적으로 우리의 목표는 구성된 관계에서 시각적 문제에 대해 생각하고, 그 문제를 다른 관점에서도 자유롭게 연구하고 관련 분야의 전문가들과 협의할 수 있을 정도로 추상의 원리에 매우 익숙한 디자이너를 키우는 것입니다. 그가 바로 시각적으로 경계를 넘나들 수 있고 새로운 재료나 기술을 위해 새로운 형태를 제시할 수 있는 디자이너입니다."

- 로웨나 리드 코스텔로

로웨나 리드 코스텔로,
로 스그리(Lou Sgrai) 사진
〈I.D Magazine〉, 1982년
11/12월호 표지

PART II
기초과정

"지금까지, 그래픽과 3차원적(3-D) 상황을

분석하는 데 많은 유익한 방법들과

디자인 이론들이 제시되어 왔다.

이제부터 소개하게 될 독특한 특성의

교과 과정은 우리가 접하는 디자인 관련 분야를

거의 모두 수용하고 있으며, 학습자 스스로

그 추상적 관계를 정리할 수 있는 능력을

키워준다는 점에서 탁월하다."

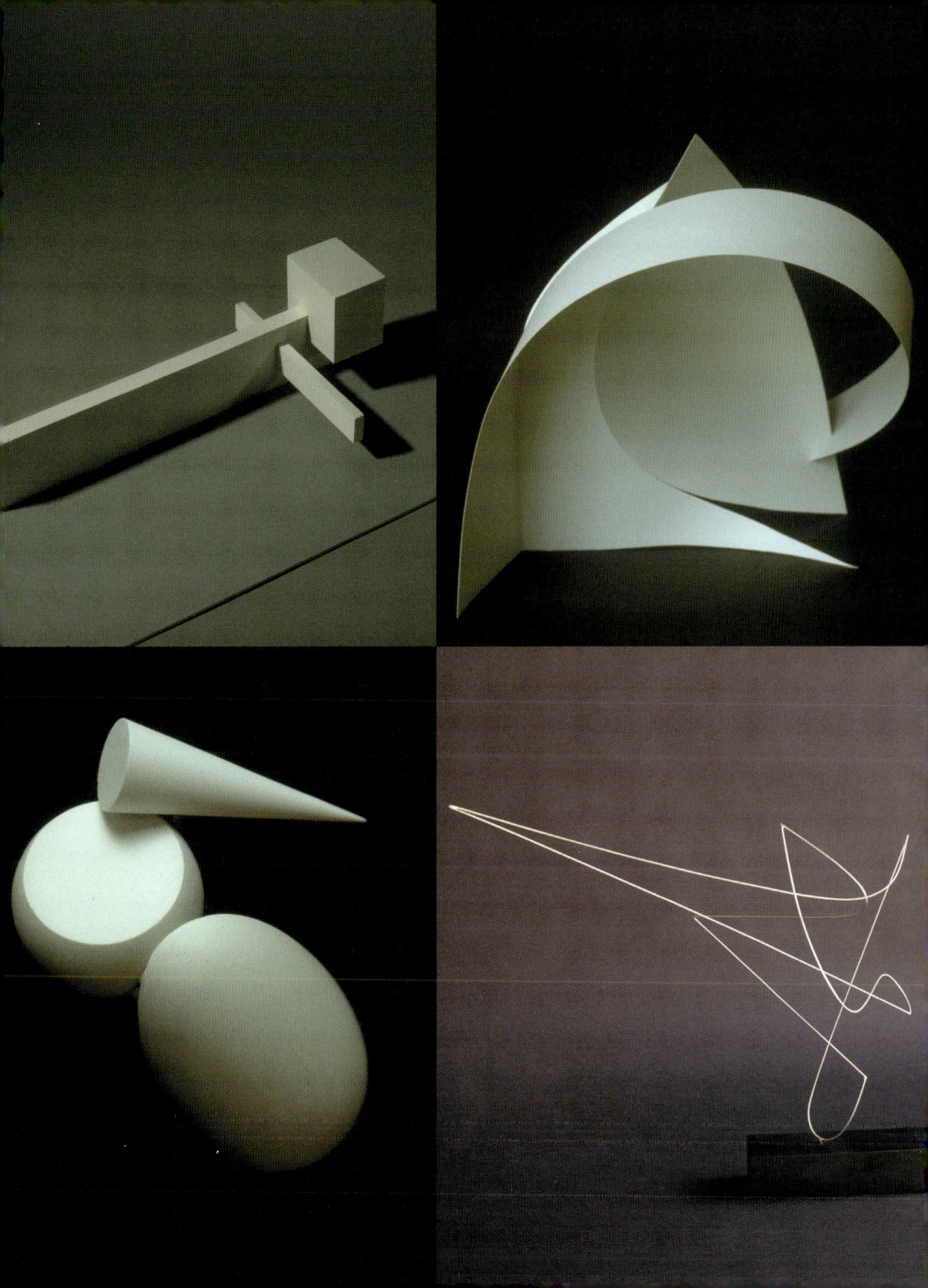

3차원 디자인(3-D)을 시작하는 학생들에게
1982년 10월 22일

한 번도 3차원으로 작업을 해본 적이 없는 학생들을 위해, 여기 기초과정에서는 3차원적 세계와 여러분이 앞으로 평생 동안 도전하게 될 그 복잡하고 흥미진진한 상호관계를 소개하고 있다. 3차원 작업을 해 본 경험이 있지만 자신이 하고 있는 것이 무엇인지를 정확하게 이해하지 못하여 좌절을 겪었거나, 저자 역시 그랬던 것처럼 프로젝트를 진행하는 동안 특정 지점에서 꽉 막혀버린 경험이 있는 학생들이 있을 것이다. 처음의 시작 단계로 되돌아가서 간단한 것에서부터 복잡한 관계로 진행되는 다음의 실습은 학습을 통해, 객관적인 시각에서 자신의 아이디어에 대한 가능성을 보게 함으로써 엄청난 만족감과 자유로움 그리고 안정감을 제공하게 될 것이다.

추상적 상호관계를 공부한다는 것은 쉬운 일이 아니다. 여느 학습 훈련이 그렇듯이 그것은 그 자체만으로도 좌절감을 느끼게 할 정도로 아주 더디고 오랜 시간이 걸리는 과정을 통해 학습된다. 그러나 그에 따르는 보상은 크고, 그 여정은 흥미진진하다. 그러므로 일견 매우 간단해 보일지는 모르지만 그 자체가 거의 완성된 하나의 코스에 해당하는 첫 번째 과제를 탐구해 나가는 동안에 협조와 인내심을 부탁하는 바이다. 그 첫 번째 과제는 3개의 직육면체를 구성하는 것으로, 간단한 입체 형태들에 긴밀한 관계를 형성하여 조화롭게 통합하는 표현 방식을 배워나가는 것을 목표로 한다.

스케치 작업

3차원(3-D) 스케치*: 기초과정에서의 모든 실습과 좀 더 발전된 상급 단계의 실습은 모두 3차원 스케치에서 시작된다. 찰흙, 종이, 마분지, 브리스톨 보드, 철사, 풀 등 문제를 해결하기에 적합한 재료를 선택하여 짧은 시간 안에 빠르게 작업한다. 가능한 여러 개의 추상적 관계를 가진 3차원 스케치 모델을 만든다. 추상적 관계는 모든 재료의 구현이나 어떤 구체적인 형태와는 별개로 전체에 대한 부분의 관계를 표현한다. 그것들은 형태(form), 공간(space), 움직임(movement)과 같은 요소들이 서로 '이야기'하며 어떻게 조화로운 관계를 이루는가 하는, 물체의 직접적인 시각적 경험을 반영한다.

1985년 이탈리아에서 지나 카스피는 6개월에 걸쳐 자신이 토요일 수업에서 만들었던 4인치 크기의 작은 과제를 크기 3m, 무게 3t의 대리석 조형물로 변형시켰다.

* 역주: 여기서 말하는 스케치의 개념은 3차원적(3-D) 아이디어 스케치로서, 아이디어 전개를 위해 만드는 간단한 입체 모형을 뜻함

3차원 스케치를 만드는 과정에 어떠한 제한을 두지 않도록 하라. 안전장치를 넣는 것은 나중에 고려해도 된다. 사실 이러한 스케치 작업이야말로 가장 재미있는 부분이다. 스케치 작업을 할 때는 자신이 원하는 만큼 창조적이고 탐구적일 수 있는 것이다. 작은 크기의 3-D 스케치를 만든다. 이 과정에서는 작게 만드는 것이 훨씬 효율적이다. 10가지의 아이디어 스케치를 가지고 있다는 것은 10명의 자식을 둔 것과도 같기 때문이다. 그 많은 것을 하나도 남김없이 망치는 일은 드물다. 그렇게 아이디어가 쏟아져 나오게 하되, 3차원적으로 되게 한다. 뒤로 물러서서 자신이 한 작업을 감상해 본다. 3-D 디자인 스케치들을 다룰 때는 항상 감상을 먼저 하도록 한다. 그것을 분석하는 것은 나중에 해도 된다. 가장 관심을 끌고 흥미진진해 보이는 아이디어에 집중한다. 실습을 위한 지시 사항을 따르는 것이 디자인 방향을 제시할 것이라는 보장은 없지만, 일단 다음 작업을 위해 한 두 개 정도의 3-D 스케치 모델을 선정하고 나면 그것들을 분석하고 아이디어를 전개시켜 디자인의 방향을 설정하는 데 그동안 배워온 시각적 원리들을 이용할 수 있다.

비례 스케치(proportion sketche): 2차원(2-D) 스케치를 해봄으로써 디자인의 균형과 비례에 대한 통찰력을 얻을 수 있다. 3미터 정도 떨어져서 46×61cm 크기의 갱지에 3차원 스케치 모델을 여러 각도에서 그리되, 목탄 또는 파스텔의 납작한 부분을 이용하여 굵은 선으로 자신이 디자인한 입체 스케치 모델의 동작(gesture)을 그린다. 그 다음 전체적인 윤곽을 그려 나간다. 이 때 실눈을 뜨고 물체의 초점을 흐리게 하여, 세부적인 것은 보지 말고 전체적인 형태만 보도록 한다. 외곽 형태는 모든 각도에서 방향력의 균형을 이루어야 한다(방향력의 균형이라는 것은 움직이는 모든 힘의 총합이다). 그런 다음, 실루엣을 위에서 아래에 걸쳐 전체적으로 그려 나간다. 전체적인 비례는 추상적 개념이어야 한다. 보이는 그대로를 정확하게 그리려고 하지 말라. 이러한 비례 스케치는 3차원 스케치에서 얻은 것을 더욱 탐구하고 발전시킬 수 있는 좋은 기회가 된다.

공간 스케치(space sketche): 공간 스케치는 형태(적극적 형태)들을 그룹으로 구성하는 것과 그로 인해 형태와 형태 사이에 형성된 소극적 볼륨(negative volume)*에 대해 인식하는 것을 탐구하게 하는 3차원 실습과제이다. 재료를 가지고 씨름하지 않고도, 전체적인 개념을 잡을 수 있는 방법이라 할 수 있다. 면과 입체들 사이, 또는 면의 그룹과 입체 그룹들 사이에 가장 큰 긴장 관계를 형성한다. 그 크기는 30cm가 넘지 않게 한다. 이러한 3차원적 공간 스케치에서는 전체 소극적 볼륨에 대한 비례를 제시해 주어야 하고, 모든 위치(position)에 대한 방향력이 균형을 이루어야 하며, 형태들 간에 서로 보완적인 관계를 형성해야 한다. 이러한 긴장 관계는 적극적 공간(positive space) 사이에 형성된 소극적 공간(negative space)에 대한 민감도에 의해 좌우된다. 입체는 면보다 더 떨어져서 배치되어야 한다는 것을 느낄 수 있을 것이다. 공간적 관계를 형성한 후에 적극적 형태들을 살펴보고 입체, 면, 선의 순서로 배치한다. 면이나 입체들 주변의 공간은 적극적 형태들(positive form)에 의해 영향을 받게 된다. 이 실습을 통해 여러분은 이러한 모든 것을 동시에 생각하는 법을 배우게 될 것이다. 따라서 여러분의 최종 디자인에 나타나있는 모든 것들은 다른 것들과 연결되어 있게 된다.

---

* 역주: 적극적 형태(positive form): 실제의 형태
　　　소극적 볼륨(negative volume): 적극적 형태들이 그룹을 지어 상호 연결되면서, 그 사이에 형성된 틈에 의해 형성된 입체형태
　　　적극적 공간(positive space): 실제의 공간 형태
　　　소극적 공간(negative space): 적극적 공간들이 그룹을 지어 상호 연결되면서, 그들 사이와 주변에 형성된 공간
** 소극적 볼륨에서 '볼륨'이라는 어휘를 사용한 것은 상황에 따라 때론 입체를 나타내기도 하고 때론 공간을 표현하기도 하기 때문이다.

과제 l :
직육면체 RECTILINEAR VOLUMES

"이러한 방법으로 3차원적 형태들을 가지고

작업하는 것은 처음에는 어려운 일이다.

하지만 머지않아 여러분들은 이를 이해하고

표현할 수 있게 될 것이다. 여러분은

이것을 정말 아름답게 만들어야 한다.

이렇게 말하면 자만으로 들릴 수도 있을 것이다.

단 3개의 직육면체만을 가지고

어떻게 아름답게 만들 수 있다는 말인가?

하지만 나는 여러분들이 이것을

할 수 있으리라 믿는다."

찰흙을 이용하여 50개 이상의 다양한 직육면체 형태를 만든다. 손쉽게 붙였다 떼었다 할 수 있는 찰흙은 이 작업에 가장 적합한 재료이다. 모서리는 가능한 깨끗하게 잘 마무리한다. 아래의 원칙들을 염두에 두고 직육면체를 세 개씩 그룹 지어 구성하라.

서로 대비가 되는 형태들의 중요성을 인식하라. 선택한 각 입체들의 특성은 가능한 다양해야 하고, 한 그룹 안에 같은 크기의 두 개의 입체가 함께 놓이지 않도록 한다. 자로 재지 않고도 물체의 크기를 눈으로 측정할 수 있는 능력을 키운다.

주체적(dominant), 부수적(subdominant), 그리고 종속적(subordinate) 형태를 정하는 것으로 입체 형태들 간의 관계를 정립하라. 주체적 형태는 크기가 가장 크고 흥미로우며 극적인 특성을 지닌다. 이것은 형태들의 그룹에서 주된 위치를 차지한다. **부수적 형태**는 주체적 형태를 보완하는 특성을 지닌다. 부수적 형태를 추가하여 주체적 형태의 특성이 20퍼센트 이상 향상되지 않을 경우에는 더 많은 실험을 시도해야 한다. 주체적/부수적 형태의 관계는 특성상 대비를 이룰 뿐만 아니라, 배치하는 방법에 따라 매우 흥미로워진다. 보통 이들의 관계는 축이 평행을 이루지 않을 때 더 강화된다.

"주체적 형태와 부수적 형태의 관계는 매우 중요하다. 이들 형태의 첫 번째 역할은 상호 보완적이어야 한다는 것이다. 이들은 햄과 달걀처럼 서로 보완하여 아주 잘 어울리는 관계를 이루어야 한다."

종속적 형태는 세 번째 시각적 형태 요소와 축(axis)을 도입하는 것으로써, 디자인을 더욱 흥미롭게 만든다. 종속적 형태는 디자인을 더욱 입체적으로 만들어주고, 기존의 형태들을 보완하며, 디자인의 조화로운 통합을 이루는 역할을 해야 한다. 종속적 형태는 주체적 형태와 부수적 형태만큼 독자적이지는 못하다. 이것은 다른 형태들에 대해 민감해야 할 뿐만 아니라 대비를 이루어야 하며, 다른 두 형태의 부족함을 보완하도록 디자인 되어야 한다.

비례에 대해 인식하라 : 고유의 비례, 상대적 비례, 전체적 비례. 고유의 비례는 길이, 넓이, 두께를 갖는 형태 자체의 비례를 말한다. **상대적 비례**는 형태와 형태 간의 비례이다. 예를 들어, 마르고 키가 큰 사람과 땅딸막하고 작은 사람의 경우를 생각해 보라. **전체적 비례**는 형태 그룹의 총체적인 구성 또는 특성을 나타낸다. 그룹 지어진 형태들의 윤곽(실루엣)으로 나타난 비례를 눈을 가늘게 뜨고 보면, 형태의 전체적인 비례를 볼 수 있다. 어느 각도에서든 흥미로운 특성을 지녀야 한다. 일반적으로, 몇몇 부분에서는 수직적인 구성을 강조하고, 다른 부분에서는 수평적인 것을 강조하는 것이 좋다. 대부분의 학생들은 전체적으로 수평적인 비례를 만든다. 아마도 그것이 좀더 안정적으로 보이기 때문일 것이다. 절대로 정육면체로 만들지 말라. 전체적인 비례에서 볼 때, 정육면체의 비례인 경우는 흥미로운 특성을 지닐 수 없다.

"마치 피아노 선생님이
그러하듯이,
로웨나는 우리 몸에 밴 습관이나
잔재주가 다 사라질 때까지
거듭해서 연습하게 했다."
– 터커 비마이스터

종속적 Subordinate

주체적 Dominant

부수적 Subdominant

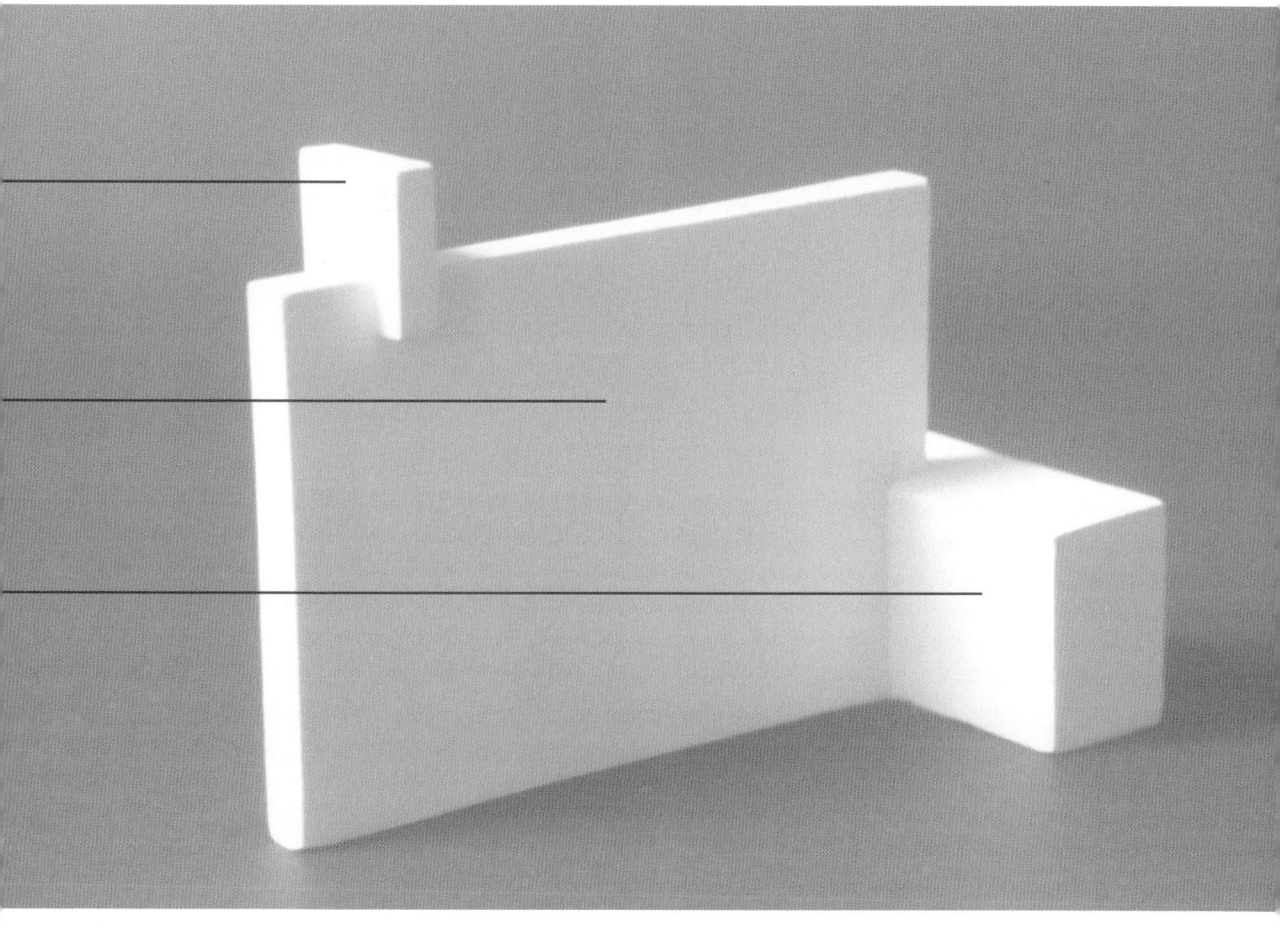

"세 개의 직육면체에
관한 첫 번째 과제는
학생들이 4년의
과정에 거쳐 다루게 될
디자인 요소들을
포함하고 있다.
우리는 이러한 과제를
지속적인 체험과
비교에 의한
실습 과정을 통해
해결해 나갔다.
다시 말해, 학생들은
그 해의 마지막 작업을
하는 그 순간까지,
지속적으로 이어지는
실습 체험의 맨 처음
단계의 연장선에서
작업을 하고 있는
것이었다. 자신의 초기
작업을 되돌아 본
학생들은 그들이 했던
것이 무엇이었는가를
볼 수 있었다.
— 리처드 웰치

여기에서는 다양한 비례로 디자인하는 것이 중요하다. 흥미로운 디자인으로 만들라. 미리 최종 결과물을 염두에 두고 비슷비슷한 형태들을 만들어내는 것은 피해야 한다. 아름다운 디자인과 평범한 디자인의 차이는 비례에 대한 민감도에 있다. 그것은 쉽게 감지할 수는 없지만, 매우 실질적인 가치를 지닌다. 비례를 이해하는 것은 시각디자이너의 가장 가치있는 능력 중에 하나다. 비례의 아름다운 관계를 직관적으로 깨닫도록 노력하되 혼자 힘으로 이같은 섬세한 감각을 개발하는 것에 너무 많은 시간을 소비하지 않도록 한다.

신중하게 입체 형태들의 축의 위치를 결정하라. 축은 형태 중 가장 긴 면적의 중심을 가로 지르는 상상적인 선으로 형태의 가장 강한 움직임을 표현한다. 축은 공간에서 형태가 그 자체의 위치를 갖게 해준다. 여기에서는 공간상에 있는 각각의 입체 형태들에 그 자체의 위치를 주도록 노력한다.

입체 형태들의 축을 서로 수직이 되도록 고정시킨다. 수직으로 고정된 축은 가장 간단하면서도 단조로운 구성을 피할 수 있게 한다. 다음에 나오는 좀더 발전된 단계의 실습에서 축의 다양한 움직임을 다루게 된다. 실제로 좀더 입체적인 디자인을 만들기 위해서는 가능한 한 다양한 움직임의 축을 사용해야 한다. 하지만 지금은 단순한 것부터 시도하자.

항상 모든 위치에서 디자인을 생각하라. 회전 탁자에서 작업을 하고, 모든 방향에서 파악할 수 있도록 스케치 모델을 계속 돌려가며 본다.

입체형태들이 연결되는 방법을 고려하라. 입체형태를 연결하는 세 가지 방법으로 뚫어서 연결하는 **뚫기**(piercing), 서로 맞물려서 연결하는 **쐐기박기**(wedging), 요람처럼 떠받쳐 연결하는 **떠받치기**(cradling)가 있다.

디자인을 살펴 보면서 아래의 사항들을 스스로 체크 해본다:
- 주체적 형태와 부수적 형태 사이에 대비 효과가 있는가?
- 그 두 형태가 서로 보완해주는 관계인가? 그 크기와 모양이 서로 비슷하지는 않은가?
  (학생들은 간혹 같은 크기의 형태를 반복하는 경향이 있다.)
- 주체적 형태가 가장 중요한 자리에 위치하고 있는가?
  (학생들은 대부분 주체적 형태가 밑에서 받쳐주어야만 안정적이라고 생각하기 때문에 그것을 밑바닥에 배치하는 것을 좋아한다. 하지만 주체적 형태가 꼭 아래 쪽에 위치해야 하는 것은 아니다.)
- 종속적 형태가 전체적으로 조화를 이루게 하고 입체적인 효과를 증가시키는가?
  (학생들은 가끔 종속적 형태를 별개의 것으로 취급하는 경향이 있다.)
- 디자인을 위, 아래, 어떤 방향에서 보아도 좋은가?

"일단 이러한 과정들을
한번 체험하게 되면 과제를
해결할 수 있게 되고
그 이후로는 그 어떤 것도
놓치지 않게 된다.
— 제럴드 굴로티

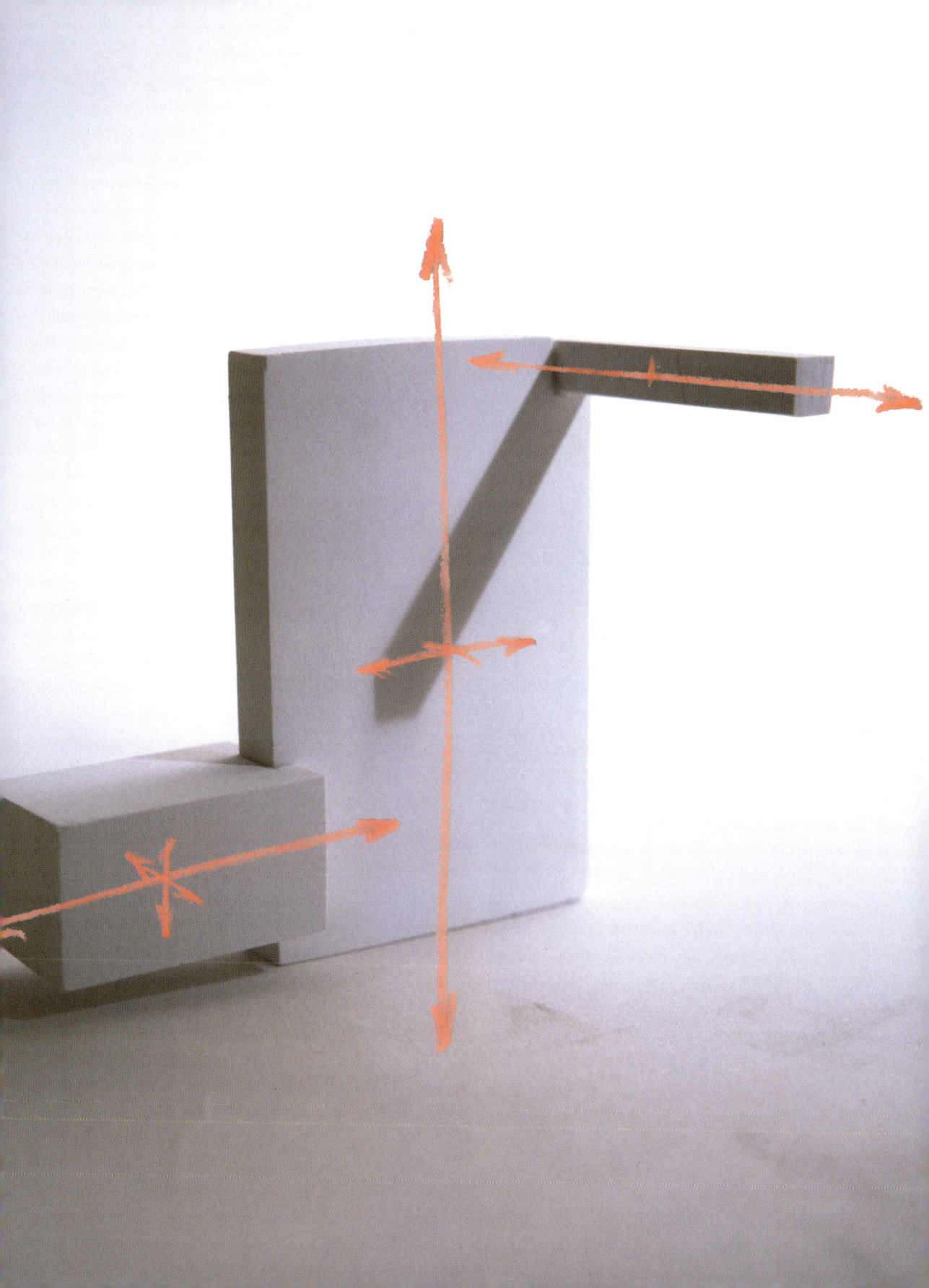

요약 정리

여기서 우리가 넘어야 할 관문은 본질적으로 특성이 다른 형태들을 가능한 한 조화롭게 통합하여 만드는 것이다. 먼저 주체적 형태를 시작하고, 그 다음으로 부수적 형태를 디자인하라. 이 관계에서 소요되는 시간은 길지 않아야 한다. 바로 이어서 신속하게 종속적 요소를 완성하고, 가능한 한 입체적인 하나의 그룹 형태로 구성하라. 이렇게 그룹으로 구성된 형태들은 전체적인 형태의 윤곽에 대한 감각을 갖게 해 줄 것이다. 그런 다음, 그것을 세밀하게 다듬어 나가도록 한다. 각각의 3차원 스케치 모델에 대해 평행적 비례 또는 수직적 비례, 둘 중 하나를 강조하라. 모든 연결부위는 구조적인 방법으로 연결되어야 한다. 방향성을 지닌 힘(방향력)의 균형이 이루어져야 한다. 디자인은 흥미로운 동시에 어느 위치에서 보더라도 입체적이어야 한다. 모든 형태들은 서로 다른 형태와 연결되어 통합을 이루는 효과를 나타내야 하고, 모든 디자인의 관계는 전체적인 조화를 이루는 것에 기여해야 한다.

"디자인의 균형을 댄서의 경우와 비교해서 생각해 보자. 만약 그의 팔과 다리의 축이 목과 몸통의 축을 받쳐주지 않는다면, 그 댄서는 쓰러지게 될 것이다."

통합한다는 것은 모든 것을 한데 묶어주는 시각적 접착제와도 같다. 디자인에서의 모든 시각적 관계는 각 요소가 다른 요소들을 지원하고 강화시켜서 절묘하게 의존하는 관계가 구성되었을 때, 그리고 아주 작은 변화에도 그 완벽한 균형과 긴장감을 깨뜨려 버리게 될 때, 비로소 조화로운 통합을 이루고 있다고 볼 수 있다.

만들어진 찰흙 스케치 모델들 중 가장 좋은 것을 선택하여 석고 작업으로 발전시켜라. 찰흙 스케치 모델보다 1.5-2배 정도 더 크게 확대하여 석고 스케치 모델을 만든다. 디자인을 확대해서 보면 비례의 차이가 더욱 확실하게 드러날 것이다. 확대를 한다는 것은 단순히 크게 복사하는 것이 아니다. 전체적인 조화를 이루기 위해서는 미세한 변화에도 주의를 기울여야 한다. 반드시 하이드로칼(hydrocal)을 사용하라. 그렇게 작업해야만 혼합된 석고가 보통 석고보다 더 단단하고 깔끔하게 나온다.

쐐기박기 w e d g i n g

"사과와 오렌지를 함께 섞지 않는 것이 중요하다. 과제
전체가 매우 특별한 시각적 쟁점을 명확히 하고
발전시키도록 안배되어 있다. 만약 형태가 서로 중복되어
보인다면, 그것들을 한데 뭉쳐서 다시 만들어라. 로웨나는
이에 대해 매우 확고했다. 학생들이 첫 번째 과제에서
한 오브제 곁에 다른 오브제가 있음으로 해서 그 형태가
더욱 빛나 보이게 되는 것을 배웠다면 그들은 아주
소중한 것을 배운 것이다."

– 지나 카스피

떠받치기 cradling　　　　**뚫기 piercing**

과제 2 :
곡면체 CURVILINEAR VOLUMES

"이제는 직육면체의 고정적인 구성에서

발전하여 좀더 복잡한 과제에 도전하는 것으로

나갈 차례이다. 두 번째 실습과제는 역동적인

관계에 있는 곡면체의 구성이다. 부피, 비례,

특성에 더해 사선 축(diagonal axis)을 다루며,

곡면체를 가지고 작업해 나간다."

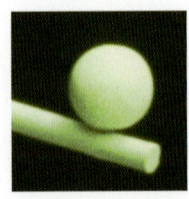

구 sphere

반구 hemisphere

원뿔 cone

원기둥 cylinder

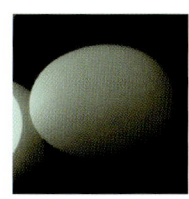 계란형 ovoid

 계란형 주추 ovoid plinth

 반 계란형 half ovoid

 둥근형 주추 round plinth

찰흙으로 여러 개의 곡면체를 만드는 것으로 시작한다. 곡면체의 특성을 탐구하기 위해 비례에 변화를 주어 입체형태를 만든다. 곡면체는 다루기가 더 힘든 형태이기 때문에 직육면체에서 곡면체로 들어가는 것은 크나큰 발전이다. 아래의 원칙들을 염두에 두고, 각기 다른 세 개의 곡면체를 서로 결합하여 역동적인 구성을 만들라.

함께 결합된 상태에서, 또는 그 자체만으로도 만족스러운 형태들을 선택하라. 그런 다음 부피, 비례, 특성을 서로 보완해주는 관계를 고려한다. 대부분의 사람들은 원뿔 모양을 선호하므로 이와 관련해 디자인에 도움이 되는 몇 가지를 알아보자. 먼저 가느다란 원뿔은 굵은 원뿔보다 주체적 형태로 보이거나 더 흥미로워 보이기 쉽다. 그리고 옷걸이용 철사의 한 부분을 잘라 내고 끝을 줄로 다듬어 흰색 프라이머(primer)에 담근 다음, 원뿔속으로 끼워 넣으면 쓰러지지 않게 원뿔 구조를 세울 수 있다.

축의 위치를 정하라. 이 과제는 기본적으로 모든 방향에서 입체적이고 흥미로운 3차원 스케치를 만들기 위해 축을 디자인하는 것이다. 공간상에 형태들의 흥미로운 움직임을 만들어내기 위해 사선축(diagonal axis)을 이용하라. 세 개의 형태가 서로 엉켜 붙어있는 것처럼 보이는 구성은 피한다. 입체형태들은 역동적인 관계를 가져야 한다. 입체형태들의 축들 간의 관계는 조마조마할 정도로 떨릴듯한 긴장감(tension)을 지녀야 한다. 입체, 면 또는 선의 축들 간의 관계를 점점 더 인식하게 되는 것이 긴장감의 핵심이다. 그것은 또한 색채(color), 명도(value), 질감(texture)과도 연관될 수 있다.

주체적, 부수적, 종속적 관계를 수립하라. 가장 큰 형태가 반드시 아래에 위치하지 않아도 된다. 벽돌을 쌓아 올린 듯한 구성은 피한다. 맨 위 이 좀더 주체적 위치(dominant position)로 보이는 경향이 있다. 가장 흥미로운 형태를 주체적인 위치에 놓는다. 형태가 아래쪽에 위치하려면, 그 형태는 두 배로 역동적인 특성을 지녀야 한다. 입체형태가 개별적으로 있을 때보다 더 크고 더 역동적이며 더 흥미로워 보이도록 그룹을 구성하여 형태 각각의 개성을 살린다.

비례에 민감해져야 한다. 고유의 비례, 상대적 비례, 전체적 비례

요소들이 연결되는 방법을 고려하라. 연결 방법(joining method)은 디자인의 일부다. 보통 하나의 형태가 다른 형태를 뚫고 연결하는 방법에서는 뚫고 들어가는 형태가 가늘어야 한다.

형태들을 구성하는 방법에 대한 디자인 방향을 제시하라. 선택의 여지를 주지 말라. 확실한 방향으로 디자인을 끌어가기 위해, 그리고 세 형태를 모두 하나의 구성으로 보기 위해 시선을 집중시킨다.

디자인으로 인해 형성된 소극적 볼륨에 대해 인식하라. 실제 형태인 적극적 형태들 사이에, 그리고 그 주변에 형성된 소극적 볼륨을 활용하기 위해 노력한다.

가능한 모든 각도에서 방향성을 지닌 힘의 균형을 이루게 하라. 그 구성은 어느 각도에서 보든 평면적으로 보이지 않아야 한다. 특히 어느 한 방향이 다른 각도에 비해 20퍼센트 이상 더 흥미롭게 보여서는 안된다. 가장 큰 두 개의 형태가 전체 3분의 2 이상의 균형을 이루고 있어야 한다. 방향성을 지닌 힘(방향력)의 균형은 형태를 구성하는 데 표현되는 모든 움직임의 총합을 나타낸다. 방향력을 잠정적으로 조금씩 증가시켜 나간다. 좋아 보일 수도 있고 그렇지 않을 수도 있다. 균형에 대한 감각은 시간이 흐름에 따라 습득된다. 많은 실습과 체험에 의해 감각이 발달되는 것이다.

의존적, 또는 독립적인 시각적 균형에 대해 생각하라. 하나의 그룹으로 구성된 각각의 형태는 다른 모든 형태에 민감하게 반응해야 한다. 모든 요소들을 함께 작업함으로써 총체적인 실습 체험이 이루어지도록 한다.

의존적인 균형(dependent balance)은 입체, 면 또는 선의 축이 물리적인 구조를 위해 또는 구조적으로 보여지기 위해 다른 입체, 면, 선의 축을 필요로 하는 상황을 말한다. 그것은 셋 또는 네 개의 형태가 균형을 이루기 위해 다른 형태에 의존하는 그룹의 움직임과 한 그룹이 다른 한 그룹의 움직임에 영향을 주는 관계에도 해당된다. 즉, 한 그룹의 동작(gesture)이 균형을 이루기 위해서는 상대 그룹의 동작을 필요로 하는 이치와 같다.

독립적인 균형((independent balance)은 고정적인 구성에서 선이나 입체가 수평적 또는 수직적인 축과 독립적인 관계에 있는 상황을 말한다. 구성에서는 곡선이나 입체 형태가 다른 곡선이나 직선에 의해 직접적으로 지탱되지 않아도 각 형태가 가장 적합한 자리에 놓여있을 때 독립적으로 균형이 잡힌다.

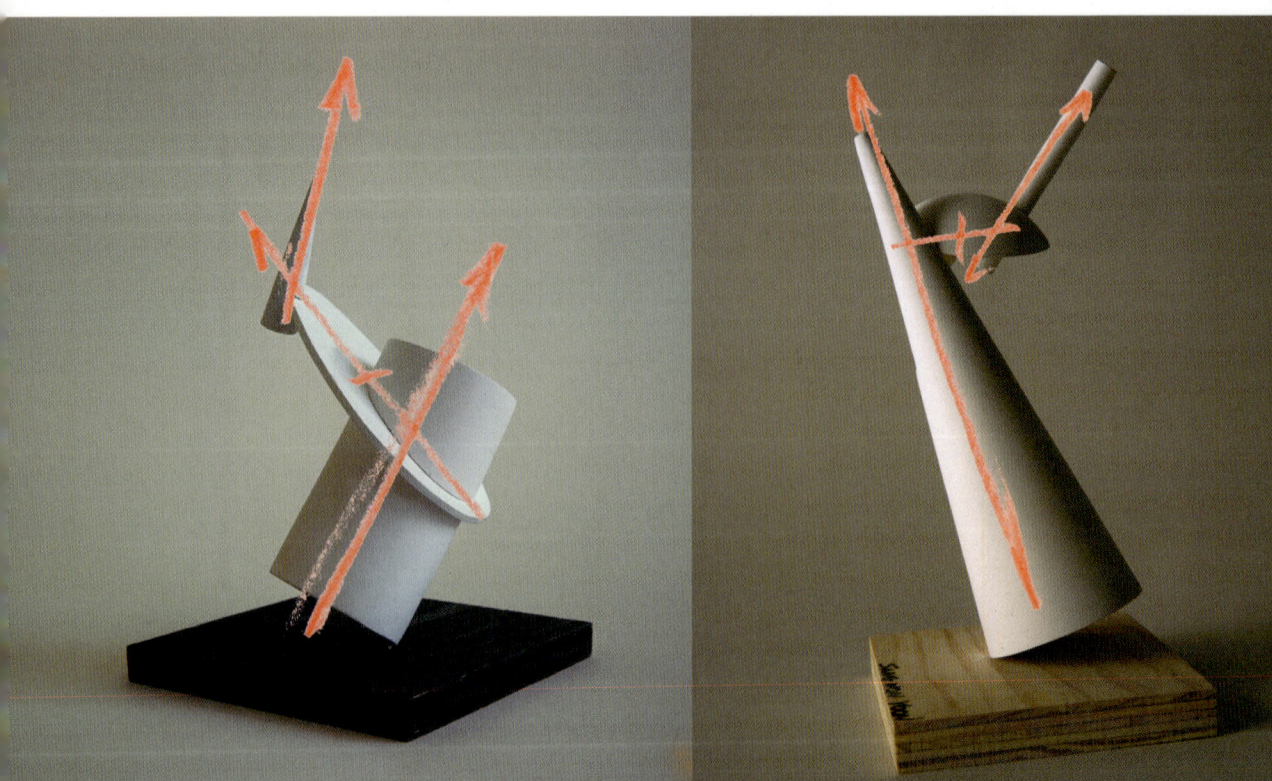

의존적인 균형(precarious balance)은 마치 댄서가 공중으로 뛰어 오른 순간을 포착했을 때나 발끝으로 서 있을 때와 같이 균형감이 있긴 하지만 그 균형감이 아주 미약한 상황에서 표현된다. 이러한 상황에서는 아주 잠깐 동안임에도 불구하고 그 동작 자체가 호흡을 멈추게 할 정도로 예리함을 지닌다. 이와 같이 가장 예리한 동작이 짧은 순간, 그 자체를 지탱하는 것처럼 보일 때 이루어지는 균형을 말한다.

시각적 구조에 대한 감각을 개발시키는 작업을 하라. 개별적으로 서있는 형태가 편안하게 보이는 자세를 생각하라. 예를 들어, 원뿔 모양의 입체는 수직 또는 수평적 자세로 있을 때보다 45도 각도로 기울어져 있을 때가 더 편안해 보이는가? 편안함을 유지하면서도 얼마나 더 기울어 질 수 있는가? 전체적인 구성은 구조적으로 보이면서도, 자체적으로도 지탱할 수 있도록 표현되어야 한다. 그것은 물리적 구조를 이용하면서, 동시에 디자인적 구조를 표현해야 한다.

이 모든 것이 바로 디자인의 구성이다. 첫 번째 과제에서 이야기한 비례에 관한 모든 지시 사항은 여기에도 적용된다. 그에 덧붙여, 여기에는 세 종류의 긴장감이 더해진다. 첫째, 입체의 축들 사이의 긴장감. 이들의 관계는 서로가 아주 예민해야 한다. 둘째, 입체 표면들 간의 긴장감. 이들의 관계는 서로를 인식을 해야 한다. 실제로, 긴장감은 상호관계에 대한 인식의 강도를 증가시키는 것이다. 셋째, 곡선의 강조된 부분들 간의 긴장감. 이것은 가장 광범위한 분야이다. 이 긴장감은 형태의 자세를 변화시키기 때문에 더 나은 디자인을 위해 가장 흥미로운 긴장감을 찾도록 노력해야 한다. 이것이 흥미로운 디자인 아이디어인가? 디자인의 방향을 제시할 수 있는 것인가?에 대해 자문해 본다. 이러한 문제들을 해결해 나가는 과정은 마치 지압법과도 같은 것이다. 어느 부분을 눌렀을 때 아프다면 바로 그 부분이 문제인 것이다.

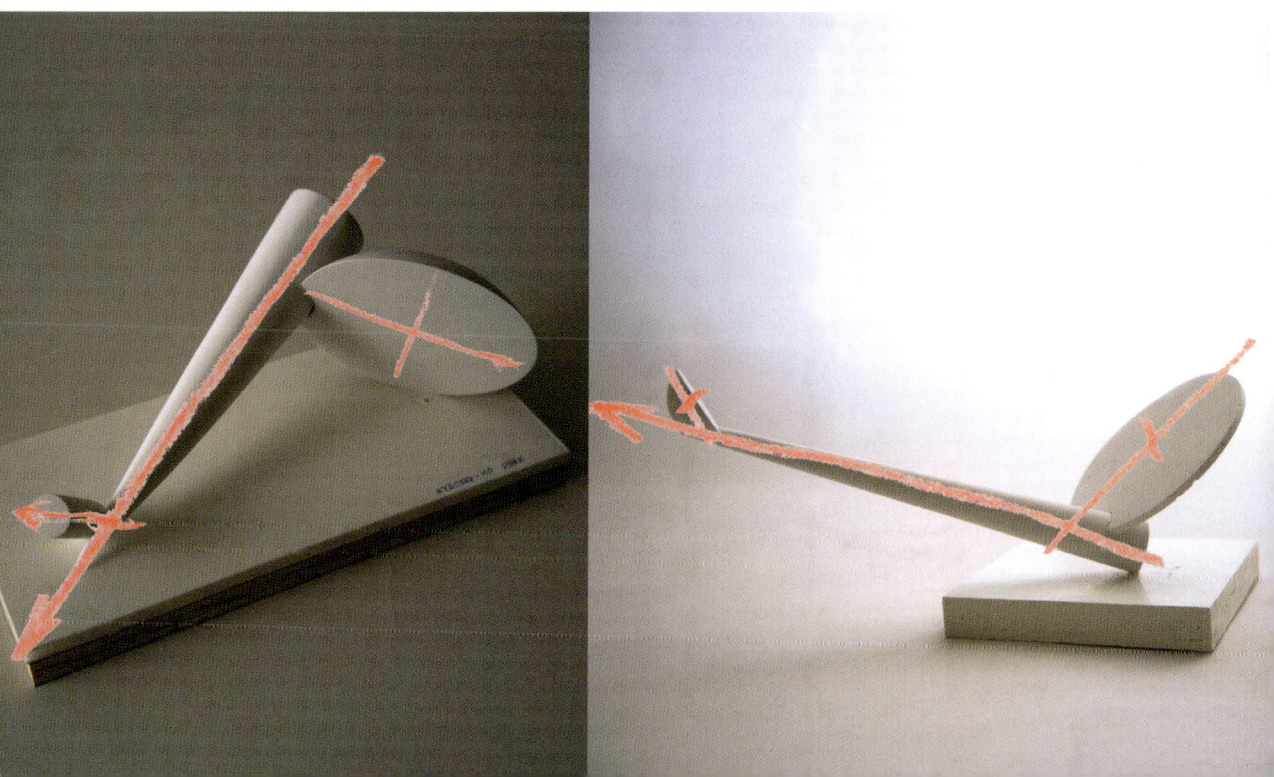

과제 3 :
직육면체와 곡면체
RECTILINEAR AND
CUVILINEAR VOLUMES

"이 과정의 핵심은 이러한 원리들이 자동차
인테리어 디자인이나 조명 등과 같은 제품을
디자인할 때, 곧바로 적용되는 것이 아니라는
점이다. 그러나 이것은 우리가 디자인을 해나가는
과정에서 올바른 선택을 할 수 있도록 도와주며,
형태 구성을 위한 감각을 발전시킨다."

– 제럴드 굴로타

"이번 과제에서는 그룹의 움직임에 관한

개념을 소개한다."

찰흙을 이용하여 다양한 직육면체와 곡면체 형태를 만든다. 그 중에서 5-7개 정도의 직육면체와 곡면체를 선택하여 역동적인 균형 관계를 갖도록 연결시킨다. 앞의 두 과제에서 배운 원리들을 적용한다.

주체적(dominant), 부수적(subdominant), 종속적(subordinate) 형태의 관계를 정립하라. 고유의 비례, 상대적 비례, 그리고 전체적 비례에 대해 인지하라.

구성된 모든 형태는 각 공간에서 개별적으로 그 자체의 위치를 가져야 한다. 하지만 이것은 다른 형태들과 리듬감있게 한데 어우러져야 한다. 여기서 가장 중요하게 고려해야 할 사항은 방향성을 지닌 힘의 균형이다.

"작업에서 맨 처음 느낀 감성적인 반응을 기억해 둔다."

축의 위치를 정하여 시각적인 연속성을 이루도록 한다. 주체적, 부수적, 종속적 관계는 형태의 크기와 부피감뿐만 아니라 축의 움직임에 의해서도 영향을 받는다는 것을 인식하라. 형태들은 물리적으로 서로 붙어 있지만, 시각적으로는 분리된 것처럼 보여야 한다. 형태를 한 줄로 길게 세운 구조로 만들지 않도록 주의하라. 한 형태의 움직임이 멈추면, 다른 형태의 움직임이 그것을 보완하는 느낌으로 구성을 하라. 형태의 구성에서 모든 움직임과 모든 힘의 총합을 나타내는 균형을 이루기 위해서는 조금씩 추가해가며 작업을 진행해나가야 한다. 작품을 좋은 각도에서만 보지 말고 여러 각도에서 두루 살펴보아 부족한 것을 보완한다.

과제 4 :
조각형태 FRAGMENTS

"이 실습의 목적은 단단한 고체 형태를 골라

몇 개의 조각으로 잘라낸 다음,

그 조각형태(fragment)들이 그것들이

파생된 본래의 형태보다 더 아름답고

새롭게 구성되는 것을 살펴보는 것이다."

이것은 기초 과정에서는 처음으로 자신만의 형태를 만드는 것을 요구하는 작업이다. 다음 단순한 기하학적 형태들 중 어느 것을 이용하여도 좋다. 구(sphere), 반구(hemisphere), 원기둥(cylinder), 원뿔(cone), 계란형(ovoid), 계란형 주추(ovoid plinth), 둥근형 주추(round plinth), 직육면체(rectilinear solid).

1-2개의 기하학적 형태를 디자인한다. 찰흙으로 4-6개 정도의 스케치 모델(입체 모델)을 만들고 가장 좋은 디자인을 고른다. 묵직하고 단단한 기하학적 형태를 이용하여 작업하는 것이 가장 쉬운 방법이다. 흥미롭고 아름다운 비례를 가진 형태들을 디자인한다. 형태들의 크기와 특성은 서로 달라야 한다. 만일 두 개의 형태로 작업할 경우, 예를 들어 직육면체, 그리고 그와 대조적인 비례를 이루는 원뿔과 같은 두 개의 형태로 작업을 한다면 두 형태를 모두 조각을 내어 자르거나, 하나만 조각을 내고 다른 하나는 전체를 사용한다.

그 형태를 세 조각 이상으로 나눈다. 찰흙 나이프를 사용하여 똑바로 잘라내고, 24게이지 구리선을 사용하여 곡선으로 잘라낸다. 처음 두 개의 흥미로운 형태를 만들어 내는 건 어렵지 않지만, 나머지 세 번째가 어쩌다 그냥 남겨진 조각처럼 보이지 않게 만드는 것이 매우 어렵다. 각각 잘려진 형태가 남겨진 부분에 어떠한 영향을 주는지 스스로 질문해 본다. 그 같은 실행의 결과는 바로 나타나게 된다. 조각형태(fragment)를 너무 독창적으로 자르려고 노력하거나, 기하학적인 형태가 훼손되는 것에 부담을 갖지 않아도 된다. 만약 조각을 잘라낸 다음에 그것을 더 작게 만들기를 원한다면, 그 찰흙을 반드시 원래의 자리에 다시 붙여서 다른 부분을 크게 만들어야 한다. 다시 말하면, 한 부분을 떼어낸다면 나머지 다른 부분을 그만큼 보충해주어야 한다는 것이다. 만약에 그 한 부분이 전체적 구성에서 빠지게 되면 최종 구성에서는 직관적으로 그 부분이 부족한 것을 느끼게 될 것이다.

아름다운 구성으로 형태들을 그룹 지어라. 이쑤시개 또는 핀을 사용하여 디자인의 구조가 서로 지탱할 수 있게 고정시켜라. 기본형태에서 잘라낸 모든 조각형태들을 다 사용해야 하며, 물리적으로 그리고 시각적으로 전체적인 조화를 이루어야 한다.

"나의 경험에 비추어 볼 때 모든 디자이너들은 특별한 영역의 감각을 가지고 있다. 그러나 그 감각은 계발될 수 있는 것이다. 한동안 허우적대며 애써보라. 댄서가 "나는 허리가 약하니까 허리는 쓰지 않을 거야."라고 할 수는 없는 일이다. 이 과정의 핵심은 모든 실습들을 지시에 따라 하고 나면 자신의 직관적 반응에서 약점을 찾아내고 그것들을 강화하게 되어 더욱 유능한 디자이너가 될 수 있다는 점에 있다."

주체적, 부수적, 종속적 형태의 관계를 수립하라. 앞서의 전체 형태들을 다룬 단순한 과제에서 한 것과 같은 기준을 이 조각형태 과제에 적용하라. 만약 하나의 형태가 다른 하나의 형태를 압도해 버린다면, 그것은 더 이상 주체적 형태와 부수적 형태의 관계가 아니다. 그 조각형태들은 서로를 보완해 주어야 하고, 모든 요소들은 다른 요소들이 더 나아 보이도록 서로 도와 주어야 한다. 시각적인 조화에 대한 감각을 개발하는 실험을 위해 몇 개의 비례 스케치를 하라.

이 실습과제의 특성은 실제 형태인 적극적 형태들(positive form)과 그룹 지어진 적극적 형태들 사이에 틈(공간)으로 형성된 소극적 볼륨(negative volume)을 동시에 경험할 수 있다는 점에 있다. 디자인의 구성에서 소극적 볼륨에 대해 인지하라. 적극적 형태들 사이에, 그리고 적극적 형태들과 소극적 볼륨 사이에 긴장 관계를 형성하라.

시각적 표현의 조화를 이루도록 한다. 대다수의 학생들은 작업의 시작 단계에서부터 바로 조화롭게 통합된 시각적 표현을 이루려고 한다. 조각 과제의 결과물은 단순히 많은 조각형태들이 한데 모여 이루어진 것처럼 보일 수도 있고, 그 자체가 확실한 특성을 지닌 디자인이 될 수도 있다. 결과의 성공은 형태들을 그룹 짓는 것에 크게 좌우된다. 그 자체의 형태가 흥미로운 것을 고르되, 다른 형태들과 반복하여 차 로 줄 세우지 않도록 주의하라. 구성의 한 부분이 다른 부분들에 비해 너무 복잡하면 디자인이 조화롭지 못할 수도 있다. 그 구성은 원래의 형태와는 완전히 달라야 할 뿐만 아니라 균형을 이룸과 동시에 더욱 아름다워야 한다.

축(axis)의 움직임에 대해 인식하라. 작은 조각들을 배치할 때는 그 움직임에 대하여 생각해야 한다. 모든 조각들을 역동적인 동작으로 구성하는 데에서 한 조각이 제외된다면, 그 제외된 한 조각은 전체와 조화를 이루기가 어려울 것이다. 구조와 균형을 이루는 실험을 위해 작은 막대를 이용하여 몇 개의 축 스케치를 만든다. 가능한 많은 선을 이용하여 추상적으로 만들어야 한다. 이러한 작업은 형태들의 복잡한 그룹 내부의 움직임을 이해하는 데 도움이 될 것이다. 만일 안으로 들어간 오목한 형태들(concavitie)이 만들어진다면, 그 오목한 형태의 선들은 3차원적(입체적)으로 움직여야 한다. 선을 3차원적으로 작업해보지 않은 학생들은 그것들을 납작하게 만드는 경향이 있다. 이러한 방법은 철사 과제에서 발전시킨 방법을 이용하여 조각형태 과제에서 만들어진 오목한 형태들의 선들을 분석할 수 있도록 도와준다. 하지만 조각형태 과제가 특성상 좀더 기하학적이라고 보기 때문에 철사 과제를 조각형태 과제보다 먼저 다루지 않았다. 그렇지 않으면 이 과제가 너무 조소 작업처럼 다뤄질 수 있고, 그로 인해 많은 것을 잃을 수 있기 때문이다.

일반적으로

50퍼센트의 시간은 흥미롭고 아름다운 기하학적인 형태를 디자인하는 데 쓰고, 그 나머지 시간은 조각형태들을 작업하는 데 사용한다. 만약 본래 가지고 있는 기본 형태의 비례가 아름답다면, 아름다운 조각형태들을 만들어 낼 수 있는 더 높은 확률을 가지고 시작하는 것이다. 만들어진 비례를 소중히 여겨야 한다. 만약 두 개의 형태를 가지고 하는 작업을 선택했다면, 조각형태를 잘라내기 전에 먼저 그 두 개의 형태가 서로 보완하는 조각형태들을 만들도록 주의를 기울여서 천천히 진행해 나간다. 그 동안 작업해온 모든 3차원 스케치들을 잘 간직하라. 더 성공적으로 구성된 작품이 만들어졌다고 해서 초기에 작업한 것들을 부숴버리지 않도록 한다. 자신의 작업들을 서로 비교해 보는 것이 때론 매우 큰 도움이 될 것이다.

"로웨나는 물체를 바닥에 놓고 내려다 보았다. 고정된 위치에서 작업을 했던 우리들에게 그것은 정말 뜻밖의 일이었다. 그녀는 우리에게 1.5-6미터까지 떨어져서 작품 전체를 보는 것을 가르쳤다. 작품을 위, 아래, 모든 방향에서 두루 살펴가며, 우리가 해온 것과는 다른 방법으로 그것을 보게 한 것은 매우 중요한 가르침이었다."
- 레오나드 바시치

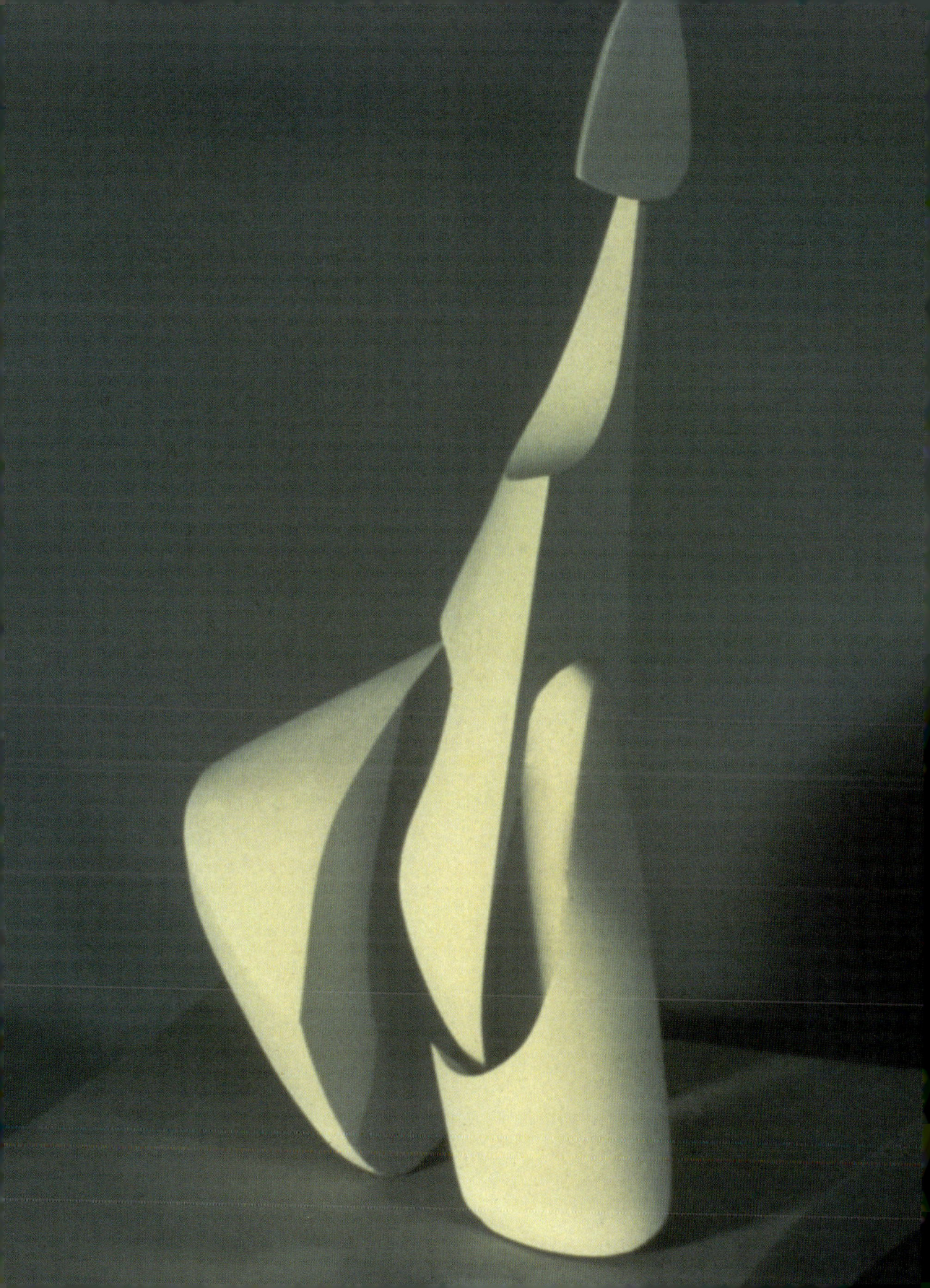

과제 5 :
평면 구조물
PLANAR CONSTRUCTION

"이번 실습의 목표는 면의 특성과 면들이

공간 안에서 서로 어떻게 연관되어

있는가에 대해 이해하는 것이다.

이 과제에서 우리는 다양한 면들을

사용하여 아름다운 구조를 만들어야 한다."

면(plane)은 질량은 없으나 표면의 방향과 기울기를 갖는 요소이다.

2차원적인 면과 3차원적인 면:

2차원적인 납작한 면은 축에 의해 그 특성을 나타내게 된다.

직선 축의 면(straight axis plane)에서는 축이 면을 가로지른 직선으로 움직인다. 면의 가장자리는 축의 방향을 나타낸다.

구부러진 축의 면(bent axis plane)에서는 축이 한 방향으로 면의 표면을 가로질러 움직이다가 방향을 바꾼다. 면은 평평하지만 축은 구부러진다.

곡선적인 축의 면(curved axis plane)에서는 축이 곡선을 이룸으로 인해 면의 가장자리가 곡선지게 된다. 면은 평면적으로 남아있다.

곡선적인 축의 면(complex axis plane)에서의 축들이 얼마나 복잡한가에 상관없이, 면의 가장자리는 면의 움직임에 대한 진행 방향을 시각적으로 더 보강해준다.

일반적으로 면의 가장자리는 축의 방향을 나타낸다. 만일 시각적으로 면의 영향력을 최대화시키려고 한다면 시선이 면의 가장자리가 아닌 면의 표면을 가로질러 움직여야 한다. 공간을 가로지르는 시각적 연속성은 그 표면의 경사진 방법에 좌우된다. 면의 가장자리는 결코 그 자체로 어떤 모양이나 움직임을 표현해서는 안 된다. 그것들은 반드시 전체와 관련되어야 한다.

"절대로, 면의 가장자리(윤곽선)를 먼저 작업하려고 생각하지 말라."

면 가장자리의 한 부분이 잘려나가면, 면의 다른 모든 가장자리에 영향을 줌으로 해서 축의 움직임에 영향을 미친다. 여기서 우리의 과제는 시각적 체험을 잘 조절할 수 있는 방법을 알아내는 것이다.

4종류의 3차원적인 면:

곡선적인 면(curved plane)에서는 표면(surface)이 한 면 이상의 구부러진 면으로 표현되지만, 변화에 의해 뒤틀리진 않는다. 이것은 단순히 곡선적인 면이다.

깎인 면(broken plane)에서는 면이 변화하는 과정에서 강한 모서리로 꺾여 구부러진다.

뒤틀린 면(twisted plane)에서는, 면이 움직임으로써 그 표면에서 축의 방향을 바꾸며 뒤틀린다.

그룹진 면(grouped planes)에서는, 세 개 이상의 면들이 그룹의 움직임이나 제스처를 만든다(납작한 평면들도 그룹을 형성할 수 있다).

2차원적인 면과 3차원적인 면들의 시리즈를 만들기 시작하라. 스케치 모델을 만들기 위해 카드보드(card board), 브리스톨 보드(bristol board), 컨스트럭션 페이퍼(construction paper), 테이프, 스테이플러, 글루건(glue gun), 고무점토(pellets), 그리고 지탱하기 위해 필요하다면 철사를 사용한다. 이 형태들의 무궁무

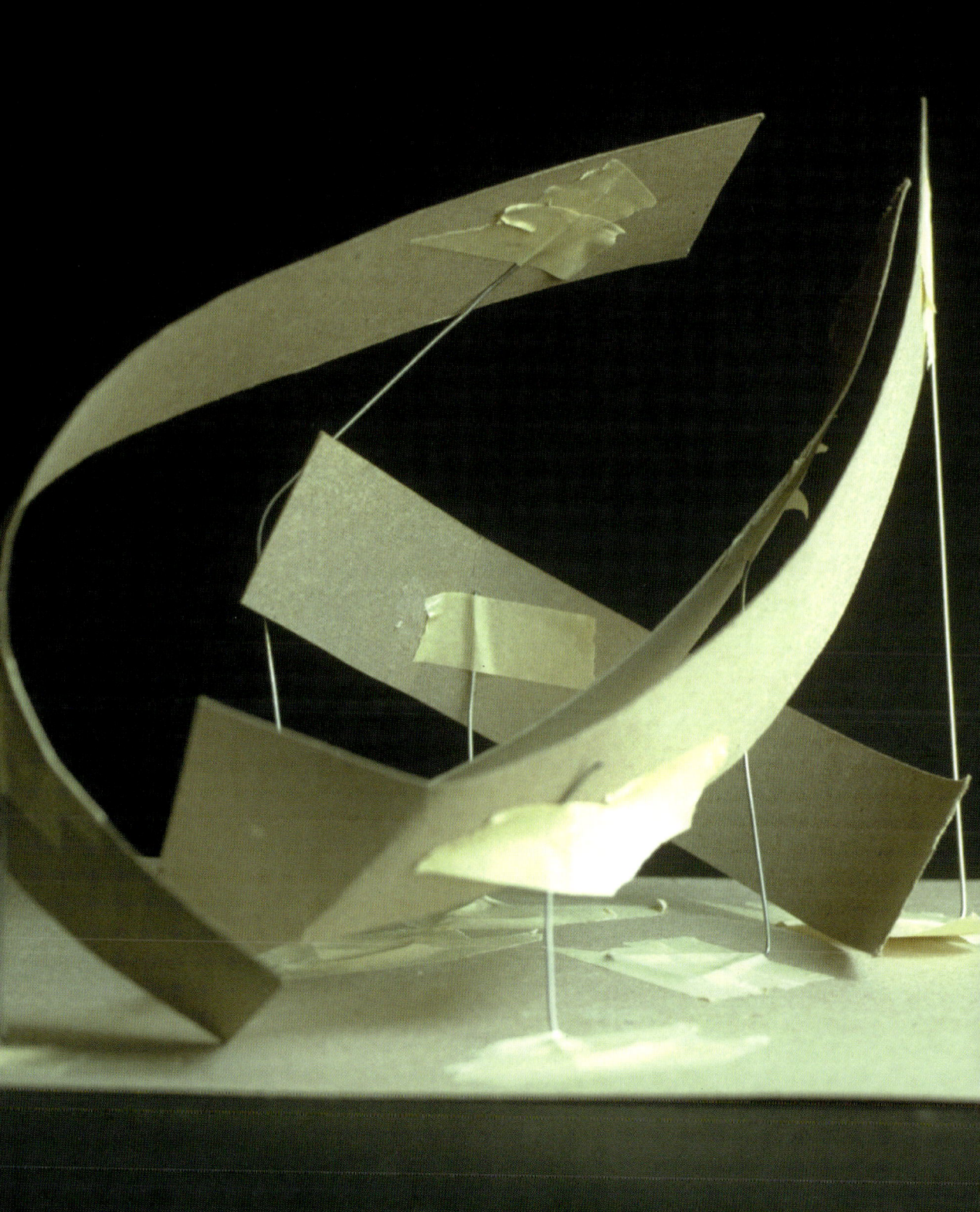

2차원적인 면 two-dimensional planes

 **직선 축 straight axis**

 **구부러진 축 bent axis**

 **곡선적인 축 curved axis**

 **복합적인 축 complex axis**

3차원적인 면 three-dimensional planes

곡선적인 면 c u r v e d   p l a n e

꺾인 면 b r o k e n   p l a n e

뒤틀린 면 t w i s t   p l a n e

그룹진 면 g r o u p e d   p l a n e s

진한 가능성을 체험하기 위해 비례와 특성을 함께 실험하라. 모든 사례에서 면의 가장자리는 시각적으로 디자인에서 원하는 축과 면의 특성을 표현해야 한다.

정리

공간상에서 면의 가장자리를 오려내어 곡선을 만들 경우, 원하는 곡선을 표현하기 위해 종이, 즉 면 위에 곡선을 그리지 않는다. 면의 외곽선에 대해서는 잊어버려라. 기본적으로 직선적인 면을 가지고 시작하여 그것을 손으로 구부려서 원하는 형태로 만든다. 그냥 아름다운 제스처(동작)를 만들어라. 그 위치를 정하고 연필로 바뀐 부분을 표시한다. 한번에 조금씩 자른다.

다음으로, 공간에서 기울어지고 방향이 바뀐 면들에 의해서 만들어지게 될 흥미로운 형태들에 대한 몇 개의 3차원적 아이디어 스케치를 만든다. 직선적인 면, 구부러진 면, 곡선적인 면, 꺾인 면, 뒤틀린 면들을 서로 결합하여 작업한다. 테이프나 풀을 사용하여 붙이고, 칼집을 내거나 철사로 이어주고, 몇몇 부분은 스스로 서있게 남겨둔다. 수직과 수평적 방향에 대해 체험하라. 소극적 공간(negative space)을 가로지르는 면들 사이의 관계를 발전시킨다.

여기에서 여러분은 디자인의 방향을 제시하게 되고, 그것은 앞으로 구조를 발전시켜나가는 과정에서 일관성을 잃지 않도록 도와줄 것이다. 만약 시작 단계에서 확고한 디자인 방향을 갖고 있지 않으면, 시각적인 면보다는 그에 대한 분석이 아이디어를 압도하게 된다. 이것은 매우 직관적인 단계이다. 의식이 감지할 수 있는 것보다 더 빠르게, 즉흥적이고 신속하게 작업하라.

매우 힘든 것이긴 하지만, 이 과제는 여러분이 가지고 있는 자신만의 어떤 시각적 능력을 표현할 수 있는 기회를 준다. 인내를 갖고 진행하라. 그냥 쌓아 놓은 종이 더미보다 훨씬 나아 보이는 면으로 조립된 구조물을 창조하기 위해서는 꽤 오랜 시간이 걸릴 것이다. 명확한 디자인의 방향과 디자인의 생명력을 표현하는 표본들을 얻을 때까지 인내를 갖고 노력하라.

전반적인 디자인 아이디어를 평가하고 조율하기 위해서는 비례 스케치를 하는 것이 좋다.

이제 디자인 방향을 발전시키고 다듬을 준비가 되었다. 둘 또는 세 그룹의 움직임을 형성하는 데 초점을 둔다. 면의 그룹들 사이와 그 주변에 형성된 소극적 공간을 활성화시킨다. 면의 그룹들 사이에 긴장 관계를 조성한다.

평면 구조물은 아래의 사항들을 표현해야 한다:

면의 종류에서 서로 대비를 이루도록 보완한다.

비례에서 서로 대비를 이루도록 보완한다.

면의 가장자리와 그 축들 사이에 조화를 이룬다: 면의 가장자리는 면의 움직임을 반영해야 한다.

의존적인 균형: 의존적인 균형을 이루는 각각의 면들과 면의 그룹들의 위치는 모든 방향에서 시각적으로 균형을 이루도록 서로 보강해 주어야 한다.

면의 위치로서의 공간: 각각의 면은 공간에서 서로 별개의 방향을 가져야 하며, 면의 위치는 면의 수와 동일해야 한다.

면의 대립적 관계로서의 공간(공간상에서 면의 시각적 연속성에 대한 저항적 관계): 면이 끊어진 축을 가질 때, 한 면의 축이 또 다른 면의 축을 이끌지 않으므로, 면의 형태가 시각적으로 연속되지 않게 된다. 이때 공간을 가로지르는 면의 시각적 연속성은 면의 기울기가 보강되는 방향에 의해 형성된다.

그룹의 움직임: 그룹의 움직임에서 면의 방향, 축, 경사(표면의 기울기)는 또 다른 면의 경사와 축에서 일어나는 변화에 의해 지속된다. 그 변화의 시각적 특성은 두 면 사이의 교차점에 대한 선의 각도에 의해 결정된다. 이때 교차점은 자연스러운 느낌이 드는 위치에서 생겨나야 하며, 면들을 그냥 임의로 구부린 것 같은 느낌이 들지 않아야 한다.

마지막으로, 마감 재료를 사용하여 면의 구조를 진행하기 전에 공간 스케치를 만든다. 막대와 접착제를 이용하여 공간상자의 틀을 만드는 것으로 스케치를 시작한다. 디자인 표현에 가장 적합한 비례를 고려하여 한 방향이 열린 공간상자를 만든다. 그런 다음, 주된 움직임을 나타내기 위해 몇 개의 면만을 이용하여 빠르고 간단하게 공간상자 안에 디자인을 연출한다. 면 구조물의 주변과 공간을 연구하라. 면이 공간에서 기울어지거나 뒤집히면, 그 변화가 공간에 영향을 미친다는 것에 주의하라. 그들은 서로를 죽일 수도 있고 상생할 수도 있다. 일단 비례, 위치(자세), 움직임을 고려한 스케치가 만들어지면, 면의 가장자리가 깔끔하게 처리되는 브리스톨 보드 또는 뮤지움 보드 2-3장, 그외 철판 또는 합성수지를 사용하여 최종 형태의 디자인을 구성한다.

과제 6 :
공간에서의 선 LINES IN SPACE

"디자인에서 선은 다양한 용도로 쓰인다.

윤곽을 나타내거나 면과 입체를 묘사하기 위해

사용되며, 단단한 고체 형태의 축으로

사용될 수도 있다."

선(line)에 대한 연구에서 우리는 11개의 곡선과 직선을 가지고 작업한다. 이들이 선에 대한 기초 용어를 만들어낸다. 11개의 곡선은 디자인에서 사용되는 전형적인 곡선들이다. 마치 색상표상에 있는 색채들과 같이, 서로 많이 다르겠지만, 결국 그것은 다른 비례를 가진 비슷한 곡선들이다.

"작업을 하기 전에 마음속으로 자신이 좋아하는 동작의 이미지를 그려라. 그러면 그것이 그 비례를 지시할 것이다."

이 작업에서 다루게 되는 곡선들은 정곡선(neutral curve), 휴식곡선(resting curve), 지지곡선(supporting curve), 궤도곡선(trajectory curve), 회귀곡선(hyperbolic curve), 포물선(parabolic curve), 역회전(반전) 곡선(reverse curve), 현수선(catenary curve), 방향곡선(directional curve), 강조된 곡선(accented curve), 나선형 곡선(spiral curve) 들이다.

3개의 느린 곡선

정곡선(neutral curve): 이 곡선은 가장 무난하고 역동성이 적은 곡선으로, 원의 한 부분이다. 어느 장소에서 보든지 항상 동일하며, 곡선의 길이를 따라 모두 같은 양의 힘으로 팽창되며 퍼져 있다.

휴식곡선(resting curve): 아주 가볍게 잠깐 쉬는 것 같은 특성을 가지고 균형을 이룬 위치에 서있는 곡선이다. 이 곡선은 납작하게 퍼지지 않도록 해야 한다.

지지곡선(supporting curve): 휴식곡선의 반대되는 개념이다. 만약 곡선의 맨 위, 특정적인 곳에 어떤 것을 놓는다면, 마치 곡선이 그 무게를 지탱하고 있는 것처럼 보여야 한다.

4개의 빠른 곡선

궤도곡선(trajectory curve)은 공을 던질 때 생기는 길, 또는 호스에서 물 줄기가 내뿜어지는 모양과 같은 곡선이다. 곧고 매우 빠르게 시작하여 점차로 속도가 감소 되면서 아래로 떨어진다.

회귀곡선(hyperbolic curve)은 궤도곡선과 유사하게 나타나지만, 실제로는 매우 다른 특성을 가진다. 이 곡선은 곧고 빠르게 시작하지만, 속도가 천천히 감소하는 대신 그 근원을 향해 다시 돌아가려는 성질(회귀성)을 지니며, 에 지가 한 지점에 집중된다.

포물선(parabolic curve)은 수학에서 말하는 포물선과 동일한 것은 아니지만, 그와 유사하다. 또한 이 곡선은 궤도곡선과 회귀곡선을 결합한 것으로, 강조된 부분이 전자처럼 강하지 못할 뿐만 아니라 후자처럼 열려있지도 않다. 유기적인 형태와 커다란 부피를 가진 형태에 이용하기 좋은 곡선이다. 이러한 선들에 대해 처음 논의하기 시작했을 당시에는 모든 자동차의 펜더(흙받이)가 이 곡선처럼 보였기 때문에, 우리는 이것을 제너럴 모터스 곡선(GM curve)이라고 불렀다. 이 곡선은 대칭적이지 않아야 한다. 다시 말해, 구(sphere)처럼 선이 일정하게 전개되지 않아야 하지만 조금 강조된 듯한 특성을 지닌다.

역회전 곡선(reverse curve)은 가장 흥미로운 곡선 중 하나다. 알파벳 S자 모양 같기도 하지만, 어느 정도 활기와 움직임, 스타일을 지녀야 한다. 이 곡선은 약간 사선으로 움직일 때 더욱 흥미로워진다.

"바리쉬니코프 (Baryshnikov, 무용가)는 피나는 연습을 했기 때문에 3m 높이의 공중으로 점프를 할 수 있었다. 로웨나도 그와 같은 방법을 생각했다. 여러분은 모든 연습을 했기 때문에 디자인을 할 수 있는 것이고, 만약 연습하는 방법을 몰랐다면 작업을 할 수 없었을 것이다." – 브루스 하나

느린 곡선

정곡선 neutral

휴식곡선 resting

지지곡선 supporting

빠른 곡선

궤도곡선 trajectory

회귀곡선 hyperbolic

방향 곡선

포물선 parabolic

역회전(반전)곡선 reverse

현수선 catenary

방향 곡선 directional

강조된 곡선 accented

나선형 곡선 spiral

3개의 방향 곡선

현수선(catenary curve)은 중력에 의한 곡선(gravity curve)이다. 이 곡선은 쇠사슬 또는 목걸이로 가장 잘 설명된다. 쇠사슬의 양쪽 끝부분을 손으로 잡으면, 그 강조점은 가장 낮은 지점에 위치하게 된다. 양손을 서로 가깝게 좁히면 강조점이 더 강해지고, 멀리 벌리면 약하게 나타나게 될 것이다. 그리고 양손을 번갈아 가며 낮추는 것으로 강조점을 왼쪽, 또는 오른쪽으로 움직일 수 있다.

방향 곡선(directional curve)의 꼭지점은 화살표와 같다. 곡선이 아니라, 꺾인 선(broken line)이라고 말할 수도 있을 것이다. 이 선은 매우 강한 방향력을 가지고 있다.

강조된 곡선(accented curve)은 현수선이나 방향 곡선과 유사하다. 그러나 앞의 두 곡선의 양쪽은 모두 직선을 이루는 반면에 이 곡선의 양쪽은 약간 곡선을 이룬다.

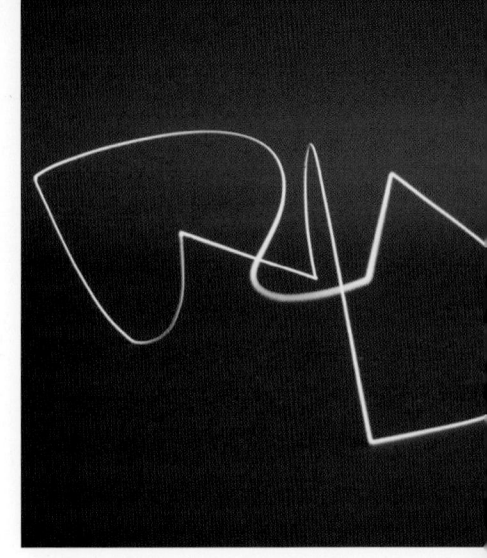

독립적인 곡선

나선형 곡선(spiral curve)은 다른 곡선들과 결합하기가 어려운 곡선으로, 마치 프리마돈나와 같다. 내부의 나선 수에 따라 여러 특성을 가질 수 있으므로 정의하기도 그들 사이에 긴장을 만들어 내기도 어렵다. 선을 느슨하게 하면 달팽이처럼 보일 것이고 팽팽히 당기면 거의 직선에 가까워진다.

다양한 곡선을 만드는 실습을 하라. 이 곡선들에 대한 느낌을 얻기 위해 드로잉을 시작하라. 갱지에 부드러운 목탄을 사용하여 느슨하게 그리되, 가능한 빠른 속도로 다른 비례를 이용하여 각각의 곡선들에 대한 많은 드로잉 작업을 한다. 개별 곡선들의 유형에 대해 각기 그 느낌을 얻었을 때가 철사로 작업을 할 준비가 된 시점이다.

24게이지 구리선과 펜치(plier)를 준비한다. 특히 구리선은 팽창력이 좋아서 곧게 잡아 당기면 그 효과가 증가된다. 펜치를 사용하여 감겨있는 철사의 적당량의 길이를 잡아당긴다. 손으로 철사 감개(spool)를 잡고, 펜치로 철사의 끝을 잡아 철사가 팽팽해질 때까지 당긴다. 잠시 동안 잡고 있다가, 철사를 곧게 펴서 다시 잡아 당긴 다음 적당량을 잘라낸다.

공간상에서 곡선을 만들어라. 이를 통해 곡선을 훨씬 더 잘 볼 수 있다. 가장 좋은 곡선 견본을 골라서 60×90cm 카드 보드에 붙여 도표를 만든다. 이 도표가 곡선의 기본 알파벳이 되며, '공간에서의 선'을 실습하는 작업에서 그것을 참고할 수 있다. 이 과제의 목표는 공간에서의 선들을 최대한 안팎으로 움직이는 방법을 배우는 것이다. 가능한 한 3차원적인(3-D) 방법으로 움직이며 작업하라. 이를 위해, 다양한 곡선을 사용하고 과제를 더욱 흥미롭게 해결하기 위해 곡선들과 대비되는 몇 개의 직선을 사용하는 방식으로 작업을 해나간다.

4가지 종류의 곡선과 2개의 직선을 선택하라. 물론 여러 가지의 다른 조합이 가능하지만, 이것이 첫 번째 실험을 위해 가장 좋은 방식이다. 대조적이고 서로 보완적인 곡선을 사용한다. 두 그룹으로 선들을 나눈다. 미리 세 그룹을 만들어 두는 것이 좋다. 기본 틀에 두 그룹을 붙이고, 그 두 개를 하나의 디자인 형태로 납땜하여 연결한다. 약 1.5cm 두께의 나무판을 밑받침대로 사용하라(폼 보드 사용은 안 됨). 철사를 지탱하기 위해서는 나무판의 무게가 필요하다. 송곳으로 나무판에 구멍을 뚫고 구리선을 안으로 밀어 넣는다. 철사의 연결 부위는 깔끔하게 납땜하여 보이지 않게 작업한다. 모든 납땜 연결부위는 가능한 아주 작게 마무리한다.

약 46cm 길이의 곧게 펴진 철사로 시작하라. 이 길이의 철사로 세 개의 곡선을 만들 것이다. 밑바닥에서부터 시작해서 위로 올라가는 식으로 디자인하지 말고, 맨 위에서부터 시작해서 아래로 연결되는 디자인을 한다. 바닥이 어떻게 되어 가는가를 염두에 두고, 작업해 나가려는 구조에 대한 자신의 직감을 믿는다. 받침대에 철사를 붙일 때는 그것이 세워질 수 있게 한다. 정곡선으로 작업을 시작하지 않는다. 왜냐하면 이 곡선은 흥미를 끌기에 충분치 못하기 때문이다. 역회전 곡선과 같이 특성을 지닌 곡선으로 시작하라.

그냥 구부리지만 말고 자신만의 곡선을 디자인하라. 철사의 팽창력을 이용하여 곡선을 만든다. 철사를 억지로 너무 많이 구부리지 않는다. 각각의 곡선은 하나의 면에 놓여있어야 한다. 6개의 곡선이 있으므로 해서 6개의 방향을 갖게 될 것이다.

가장 생동감 있고 특징적으로 보이는 곡선의 위치(자세)가 어느 것인가를 결정하라. 곡선을 받침대에 직각으로 세우거나 기울여 보면서 결정한다. 만일 빠른 곡선으로 작업을 하면서 그것을 직각으로 세우고 있다면, 이는 움직임이 없는 자세에서 빠른 곡선을 사용하려고 하는, 거의 모순되는 논리라는 것을 기억한다. 첫 번째 곡선을 만들고 나서 다음 것을 만들 준비가 되었을 때, 첫 번째 곡선을 잡아주어 철사가 함부로 구부러지지 않도록 하라. 그냥 펜치로 약간의 각을 만들어 준 다음, 아주 가볍게 잡고 다른 방향으로 움직인다. 아직 함께 작업하고 있는 두 번째 그룹이 있기 때문에, 이 첫 번째 세 곡선의 그룹에서 완전한 균형을 이룰 필요는 없다.

역동적인 디자인을 만들어라. 역회전 곡선부터 시작해서 직선으로 작업해 나간다. 이러한 방법이 더 좋은 대비 효과를 이루어 낸다. 그 선을 만들기 위한 길이가 어느 정도가 될 것인가를 잘 결정해야 한다. 그런 다음 반대 방향으로 움직여서 강조된 곡선(accented curve)이나 그외 자신이 선택한 곡선을 사용하여 세 번째 곡선을 만든다. 철사 형태가 마치 나무판위에서 잠시 휴식을 취하고 있는 것처럼 보이도록, 이 첫 번째 디자인을 나무 받침대에 세워 납땜하여 고정시킨다.

이제는 세 곡선에 대한 두 번째 그룹을 만들어라. 첫 번째 그룹에 있는 가장 큰 곡선을 보완하기 위해 두 번째 그룹에 있는 가장 큰 곡선을 디자인하고, 곡선들 간에 가능한 한 간격을 두어 그 위치를 정한다.

특징을 이루는 가장 큰 두 곡선 사이에 긴장적 관계를 조성하라. 곡선들 사이에 긴장감을 주는 것은 매우 세심한 작업이지만, 인내를 가지고 끝까지 지속해 나간다. 곧, 모든 특징에 대해, 그리고 움직임에 대한 모든 힘들의 균형에 대해 순간적으로 인식하게 될 것이다. 세 곡선의 두 번째 그룹은 첫 번째 그룹과 결합했을 때 모든 방향으로부터 방향성을 지닌 힘의 균형을 이루어야 한다. 실습 과제를 계속 돌려 가며 모든 각도에서 살펴보고, 또 위에서 내려다 보며 확인한다. 두 번째 그룹의 디자인에 만족하게 되면, 첫 번째와 두 번째 그룹의 끝을 함께 납땜한다.

이 과제에서의 목표는 가장 입체적인 해결 방안을 발견하기 위한 것임을 기억하라. 선이 입체형태의 윤곽을 묘사하지 않도록 해야 한다는 것은 공통적인 사항이지만, 이 실습에는 적용되지 않는다. 선들이 공간 안팎에서 개별적으로 움직이는 것처럼 보여야 한다. 곡선의 힘을 지닌 선들을 표현하기 위해 노력하라. 곡선들의 자세를 제대로 지탱하기 위해서는 아주 빠르게 움직여야 한다. 젖은 실로 만들어진 것처럼 보이는 축 처진 선들은 피하도록 한다. 한 곡선의 끝이 곡선의 다른 끝과 같은 모양으로 한 지점에서 만나게 되어 마치 나뭇잎처럼 뒤틀리지 않도록 주의하라. 그러한 형태는 장식적으로 보이지만 여기에는 어울리지 않으며, 이 실습 과제에서는 모든 곡선들이 밖으로 드러나게 되어, 그것을 둘 만한 곳이 없을 것이다.

즉흥적으로 하라. 이 과제는 아무런 감흥 없이 냉철한 사고만 가지고는 접근할 수 없다. 다른 과제들은 좀더 정석적인 방법으로 접근할 수 있었겠지만, 이 과제는 그것만으로는 완성될 수가 없다. 스스로가 그 느낌을 찾아내야 한다. 아주 많은 감성적인 에너지가 소요되므로 한꺼번에 많은 것을 하는 대신에, 매일매일 하나, 둘씩 해나가야 할 것이다.

이 과제는 마치 무한대로 접근하는 것과 같아서, 그 끝에 도달 할 수는 없지만 노력하면 할수록 좀더 많은 선의 용도를 발견 할 수 있다. 적당히 잘 이용할 수만 있다면, 철사 과제는 모든 3차원적 구성에 도움을 줄 수 있을 것이다. 그렇지만 또한 이것은 깊이 생각하지 않고서도 쉽게 이해할 수 있어야 한다. 이 과제는 축의 디자인을 시각화하고 축을 그룹 짓는 것, 비례 스케치들을 만드는 것, 비례를 변화시키는 것, 면의 움직임을 제시하는 것에 감성적이며 창의적으로 즉각 이용될 수 있다. 또한 일반적으로 이것은 매우 3차원적인 이미지를 형성한다.

"철사 과제는 로웨나 수업의 음악적 모델이었다. 만약 철사 과제를 기막히게 잘 할 수 있다면, 여러분은 즉흥적으로 멋진 연주를 해내는 재즈 뮤지션이 되는 셈이다. 먼저 주제를 정하여 작업을 시작하고, 그런 다음에는 그 주제의 밖으로 나와, 변화를 주어 작업을 진행해나간다. 하지만 작업을 마친 후에는 그 모든 것이 함께 조화를 이루어야 한다. 모든 형태들은 어느 한 부분을 떼어내거나 붙여준 후에 항상 서로 보완해 주는 관계를 이루어야 한다."

– 제프 카펙

PART III
발전된 단계의 형태 연구

"기초과정에서 선, 면, 입체, 공간의 요소들을

단순한 상황에 놓고 여러 제한을 두어

철저히 연구하였던 것에 반하여, 상급 과정의

과제들에서는 이들 요소들의 상호관계를

포함하는 더욱 복합적인 실습을 하게 된다."

과제 1 :
구조물 CONSTRUCTION

"구조에 기초를 둔 추상적인 실험은 대비를 이루는

형태의 구성과 디자인에 관여하는 것으로, 서로 연결된

움직임을 형성하기 위해 형태들을 그룹 짓는 새로운

체험을 가능하게 한다. 이것은 또한 공간에서

긴장감 있는 자세와 방향력의 균형에 대해 더 깊이

이해할 수 있게 해준다."

구조란 토대의 역할을 하거나 구부리는 등의 형식으로 어떤 모양을 만들어 낼 수 있는 다양한 재료들, 그리고 이를 서로 결합한 것을 말한다. 구조에 적합한 재료로는 금속, 플라스틱, 불투명이나 투명 유리, 철사, 줄, 막대, 금속판, 나무, 돌, 석고, 유리섬유, 섬유판(masonite), 기타 합성섬유(synthetic) 등이 있다. 여기에서는 선, 면, 입체적인 요소들을 복합적으로 사용한다. 구조물로 아이디어를 표현하기 위해서는 많은 요소들이 필요하다. 또한 구조물은 추상적이며 감성적으로 풍부한 표현이 되어야 한다.

아이디어를 얻기 위해, 아래에 제시한 것들을 살펴보고 그 본질을 어떻게 시각적인 형태로 표현할 것인가에 대해 생각해본다. 전기, 통신, 화학, 건축설비, 교통수단(육지, 바다, 하늘), 음악, 서커스, 로데오, 춤, 재즈, 원자력, 극장, 도시……. 이와 같은 것들이 바로 시각적인 느낌을 이끌어 낼 수 있는 아이디어가 된다. 자신만의 느낌을 추상적으로 발전시키기 위해 이를 이용하라.

아이디어를 이끌어내기 위해 커다란 종이 위에 대략적인 2-D(평면) 스케치를 한다. 예를 들어, 움직임을 암시하는 물체로서 항공 교통수단의 시각적 측면에 대해 생각해보자. 면(plane)이 올라가고 내려오는 것과 같은 것이 될 것이다. 그런 다음, 그것을 추상화시킨다. 만약 헬리콥터를 생각하고 있었다면, 나선형을 그리며 날아오르는 평면의 연속물을 만들어 가는 식이다. 그 추상개념을 끌어내어 발전시켜 나가도록 한다.

> "디자인은 구조적이어야 할 뿐만 아니라, 구조적으로 보여야 한다. 뜨거운 난로를 보면 뜨겁다는 것을 알 수 있듯이 구조를 즉각적으로 인식할 수 있어야 한다."

카드보드, 철사, 찰흙으로 신속하게 몇 개의 3차원(3-D) 스케치 모델을 만든다. 바로 이 부분에 감성적인 면이 나타나고, 그 감성적인 면을 포착해내는 것이 우리의 목적이다. 이렇게 포착된 아이디어는 발전시켜 나가야 할 실습 과제가 된다. 이 아이디어 스케치는 주제에 대한 감성적 반응이며, 움직임과 모양을 표현하는 시각적 반응이어야 한다.

가장 포괄적인 비례를 찾는다. 전체 디자인에 대한 성공적인 비례를 찾기 위해 3차원 스케치들의 몇 가지 비례를 테스트해 본다.

면과 입체 또는 면과 입체의 그룹들 사이의 가장 큰 긴장 상태를 형성하는 공간 스케치를 만든다. 긴장 관계는 적극적 형태들 사이에 형성된 소극적 볼륨의 비례를 암시하거나 제시해야 하며, 모든 위치에서 방향성을 지닌 힘(방향력)에 대한 균형을 이루어야 한다. 그것은 각각의 형태들을 한데 묶어 줄 수 있는 주된 테마를 이룬다. 일단 공간상에 요소들을 배치하는 방법을 체득하게 되면, 형태 그 자체에 집중할 수 있게 될 것이다.

최종 마감재료 작업

선, 면, 입체를 구성하라. 이전에 배운 원리를 이용하여 서로 좋은 연관 관계를 가진 다양한 재료들의 요소를 함께 적용하라. 여기에는 아이디어에 대한 감각을 유지하는 것과 전체적인 일관성을 유지하면서 어떻게 재료들을 결합할 것인가에 대해 배우는 것, 두 가지 큰 목적이 있다.

주체적, 부속적, 종속적 요소들을 정립하라. 주체적(dominant) 요소는 선과 비례가 아름다워야 하고, 흥미로운 특성을 지니며, 주된 위치에 있어야 한다. 그리고 공간 스케치에 의해 요구된 움직임을 표현해야 한다. 이는 구조물이 그 자체의 주제(이야기)를 표현하도록 도와 준다. 부속적(subdominant) 요소는 선과 비례가 아름답고 주체를 보완해 주는 것이어야 한다.

주체적 요소와 부속적 요소들 사이에 가장 큰 공간적 관계를 만든다. 이것은 형태들 사이에 형성된 소극적 볼륨을 제시하고 디자인 전체를 표현하는 두세 가지의 흥미로운 움직임을 이룬다. 2차원(평면)에서 면들의 위치를 정하도록 한다. 나란히 줄 세우지 말라. 움직임에 의해 형성되는 공간적 관계를 기억하라.

입체, 면, 선의 순으로 정리해 나간다. 요소들 사이의 긴장 상태와 공간적 관계를 강화시킨다. 면들에 의해 만들어진 것들을 포함하여 디자인상에 있는 모든 선들을 연구 조사하고, 그들이 어떻게 공간에서 서로 연결하고 위치를 정하는가에 대해 질문해 본다. 이 과제에서는 한 면에서 다른 한 면으로 변화하는 면의 관계가 매우 중요하다. 면 작업을 통해 시선이 어떻게 형태와 공간을 가로지르며 이동하는가를 배운다.

모든 힘과 디자인 요소들이 조화를 이루게 한다. 요소들의 결합에 민감하게 반응하라. 이 과제는 요소들 간의 상호 연결과 시각적 관계, 그리고 그 요소들이 어떻게 움직이는가 하는 두 가지 단계를 포함하고 있다.

"구조 문제에 대한 한 아이디어로서 중장비를 제안한 로웨나 덕분에 나는 산업디자인에
대한 명확한 정의를 내릴 수 있었다. 그것은 여러 부품을 한데 모아 만들어진
사실적인 것들로, 그 당시 여성이 이러한 것들에 대해 논한다는 것은 마치 마릴린 먼로가
물리학을 논하는 것으로 여겨질 만큼 매우 이례적인 것이었다."

– 레오나드 바시치

과제 11:
볼록한 형태 CONVEXITY

"볼록한 형태(convexity)와

오목한 형태(concavity)의 실습은

유기적인 형태를 기본으로 한다.

이들은 어떤 특정한 형태의 특성을

탐구할 기회를 제공한다. 구조 실습에서의

극적인 효과와는 달리 볼록한 형태와

안으로 파 들어간 오목한 형태의 실습은

미세한 동작(gesture)의 변화를

다루는 작업이다."

이제는 최종 형태의 섬세한 선과 그 표면에 전개되는 면들, 그리고 커다란 형태들의 축들 간의 관계를 관찰하여, 미세한 변화에 대해 깊이 있게 탐구해 나가자. 이러한 체험은 종종 아주 아름다운 조각 형태를 이끌어내고 유기적인 형태에 대한 통제력과 높은 수준의 감각을 키우도록 도와준다. 이것은 우리가 흔히 사용하는 전화기, 생활용품, 자동차 등 많은 일상적인 형태를 디자인하면서 직면하는 문제들을 해결하는 데 훌륭한 지침이 된다.

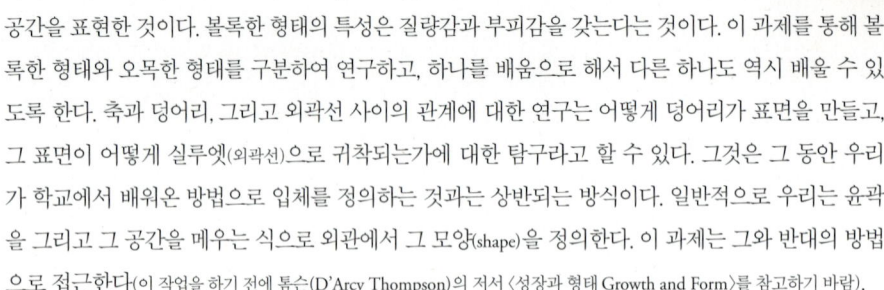

볼록한 형태(convexity)는 소극적 공간 속으로 밀어 넣은 적극적 형태를 표현한 것이다. 그와 반대로, 오목한 형태(concavity)는 적극적 형태 속으로 밀어 넣은 소극적 공간을 표현한 것이다. 볼록한 형태의 특성은 질량감과 부피감을 갖는다는 것이다. 이 과제를 통해 볼록한 형태와 오목한 형태를 구분하여 연구하고, 하나를 배움으로 해서 다른 하나도 역시 배울 수 있도록 한다. 축과 덩어리, 그리고 외곽선 사이의 관계에 대한 연구는 어떻게 덩어리가 표면을 만들고, 그 표면이 어떻게 실루엣(외곽선)으로 귀착되는가에 대한 탐구라고 할 수 있다. 그것은 그 동안 우리가 학교에서 배워온 방법으로 입체를 정의하는 것과는 상반되는 방식이다. 일반적으로 우리는 윤곽을 그리고 그 공간을 메우는 식으로 외관에서 그 모양(shape)을 정의한다. 이 과제는 그와 반대의 방법으로 접근한다(이 작업을 하기 전에 톰슨(D'Arcy Thompson)의 저서 〈성장과 형태 Growth and Form〉를 참고하기 바람).

찰흙으로 유기적 형태의 3차원(3-D) 스케치를 몇 개 정도 만드는 것으로 시작한다. 그런 다음 작은 챠콜 조각의 납작한 부분으로 한 장에 하나씩 빠르게 몇 개의 커다란 윤곽 스케치를 한다. 찰흙으로 만든 입체 스케치를 그대로 그리지 말고, 그에 상응하는 과장되고 극화된 효과를 그린다. 곡선의 흥미로운 배합(combination)을 이용한다. 3차원 스케치(입체 모형)에서 적어도 3미터 정도 떨어져서 네 방향의 각각 다른 위치에서 그린다. 너무 극적이거나 선이 지나치게 모양을 내게 되어 윤곽이 흐트러져 버리지 않게 한다.

"항상 이것의 100배 정도 큰 물체를 상상하라. 그러면 그 비례가 엄청나게 큰 차이를 만든다는 것을 알게 될 것이다."

다음으로 철사를 면에 붙여 몇 개의 축 스케치를 만들고, 주제에 맞춰 윤곽선을 작업한다. 축 스케치는 힘이 있고, 흥미로우며, 추상적이고, 모든 위치에서 비대칭적으로 균형을 이루어야 한다. 또한 그것은 흥미로운 동작(gesture)을 표현해야 한다.

이제 자신의 경험을 반영한 작은 찰흙 스케치를 2개 이상 만든다. 이때, 스케치는 추상적 효과를 가져야 한다. 이것은 어떠한 3차원적 디자인에서든 항상 적용되는 개념이다. 또한 스케치는 특성과 움직임을 강조해야 한다. 형태의 외곽선은 틈으로 형성된 소극적 공간안으로 밀어 넣은 형태의 진화 과정과 함께 변화하는 것이므로, 지나치게 외곽선에 집중할 필요가 없다. 3차원적(3-D) 공간 스케치는 공

간 안에서 형태를 보여 주고, 공간이 형성하는 상호관계를 이해하도록 도와준다. 또한 적극적 형태들 사이에 만들어진 소극적 공간에 대해 인식하게 해준다. 공간에서 형태의 위치와 전반적인 특성은 가장 중요한 긴장 관계를 결정한다. 이 스케치들은 상대적, 또는 전체적인 비례를 어느 정도 극대화시키고 다른 그룹과 구별되는 둘 이상의 입체들을 그룹 짓는 데 이용할 수 있다.

가장 잘된 3차원(3-D)스케치를 선택하여 발전시켜라.

신중하게 디자인을 선정한 다음 한데 모아 놓고, 가끔씩 거리를 두고 멈춰 서서 관찰하라. 작은 찰흙 덩어리를 이용하여 두세 개의 입체 형태를 만들고 추상적인 모양으로 형태들을 그룹 짓는다. 형태들의 대비 관계를 살펴보라. 비례와 덩어리감에서 서로 보완하는 대비 효과를 표현하기 위해 노력해야 한다. 각각의 형태는 다른 형태를 더 나아 보이도록 개선시켜야 하고, 3차원적(입체적)으로 모두 흥미로워야 한다.

주체(dominant)와 부속체(subdominant)의 관계를 정립하라. 그런 다음에는 종속체(subordinate)의 관계를 정한다. 이 때 주체 요소는 가장 흥미로운 모양(10배 이상)이어야 하고, 가장 주된 위치에 있어야 한다는 것을 잊지 말아야 한다.

커다란 입체 형태의 축을 작업하라. 축의 움직임으로 인한 동작은 모든 위치에서 강하고 흥미로운 느낌을 주어야 한다. 그것이 바로 디자인의 핵심이다. 그것은 긴장, 균형, 정지 상태에서 선, 면, 공간 사이의 다른 모든 관계들을 유지시킨다. 축은 입체적인 개념을 지녀야 하며 모든 시점에서 균형을 이루어야 한다. 또한 입체의 앞면에서도 뒷면을 느낄 수 있어야 한다. 그것이 바로 입체를 통해서 움직임을 느끼는 것이다. 볼록한 형태(convexity)

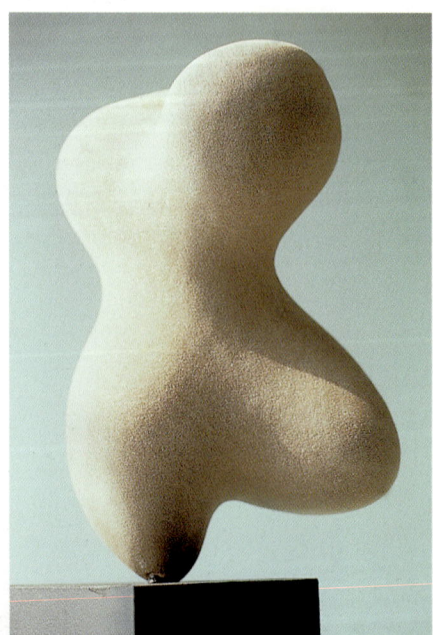

에 주목하여, 시선을 주변의 모든 방향으로 이끌어 가라. 거기엔 각진 표면도 없고 거칠고 울퉁불퉁한 윤곽선도 없다. 형태들 간의 저항에 의해 그 형태들 사이에 틈으로 형성된 소극적 공간은 입체 형태의 표면에 흐르듯이 표현되어야 한다. 시선은 항상 튀어나온 형태의 표면을 따라 흘러내려 그 틈 사이로 쫓아 갈 수 있어야 한다. 물론 그것은 깊이 파인 형태는 아니지만 미묘한 모양을 한, 안으로 파인 형태들이 될 것이다.

세 종류의 곡선을 갖는다. 여기에서는 축의 곡선, 축을 가로질러 가는 면들의 곡선, 윤곽선의 곡선, 세 종류의 곡선을 갖게 된다. 그것들은 모두 서로 연관되어야 한다. 곡선들이 축에 수직이 되거나 평행이 되지 않게 한다. 만일 축을 사선으로 유지한다면 훨씬 더 미묘하게 보일 것이다.

축에 사선을 이루는 면에 대한 전개는 나중에 하라. 강한 특성을 지닌 것을 제외시켜, 그 전개를 나중으로 미뤄두는 것이다. 먼저 덩어리를 느껴본다. 그런 다음에 선과 면을 작업하라. 형태의 움직임을 시각화시키고 표면의 긴장감을 인지하라.

"아이디어에 비해 너무 크게 디자인을 하는 수가 있다. 모든 디자인에 적당한 크기라는 것은 그것이 아이디어를 충분히 표현하고 가장 보기 좋게 하는 수준이다."

여기에서는 조각하는 방식으로 모든 작업을 진행한다. 모든 것이 너무 작아지지 않도록 천천히 작업해 나간다. 계속 돌려 가며 작업하라. 서로 연관성이 없는 모양을 강조하는 데 너무 많은 시간을 보내지 않도록 주의하라.

볼록한 형태 과제의 마지막 표현 단계에서는 50파운드의 소금 블럭을 가지고 작업을 한다. 이 소금 덩어리는 농장에서 가축을 위해 사용하는 것으로, 약 30×30cm 정도의 육면체에 가까운 모양이다. 비스듬하게 모가 나있고, 들판에 막대기를 꽂아 세워 두기 위해 끝 부분에 구멍이 나있다. 이 과제는 소금 블럭 모양이 남아 있지 않는 유기적인 형태를 만들기 위해 도전하는 것뿐만 아니라, 그 재료 자체를 다루는 과정에서 어떠한 특별한 체험을 하게 해 준다. 이 도발적인 재료는 대리석과 유사하다. 매우 빠르게 작업할 수 있는 석고와는 달리, 소금 블럭은 좀더 천천히 작업을 하게 만든다.

줄과 사포를 사용하여 작업한다. 절대로 조각이 떨어져 나가지 않도록 천천히 조심스럽게 작업을 진행해 나간다. 이 작업은 여러분에게 형태를 매우 자세히 볼 수 있는 기회를 제공하여 형태의 아주 작은 변화도 인식할 수 있게 해준다.

작업의 결과물은 자신이 시작했던 기하학적 형태보다 더 커 보이는 형태가 되어야 한다.

과제 III:
오목한 형태 CONCAVITY

"안으로 파 들어간 오목한 형태를 강조한

이 조각 실습은 좀처럼 이해하기 힘든 형태들의

상호관계를 탐구하는 것이다. 재능이 있고

직관력이 뛰어난 디자이너라면 감각적으로 적극적인

입체 형태들을 잘 해결해 낼 수 있을 것이다.

그러나 소극적 볼륨, 또는 오목한 형태의

적극적 형태에 대한 중요한 상호관계를

탐구하지 않는다면, 우리의 시각적인 해결 능력은

절반 정도만 발휘되는 것이다. 우리는 이미

볼록한 형태 실습에서 오목한 형태에 대해,

즉 소극적 볼륨이 형태에 어떻게 영향을

미치는가에 대해 학습하였다. 지금부터는

오목한 형태 그 자체에 초점을 두게 될 것이다."

"그녀의 가르침에서 가장 감명을
받은 것은 무엇이 잘못되었는가를
분석하는 능력이었다. 실제로 그녀는
어떤 것이 아름답고 어떤 것이
그렇지 않은지를 보았고, 그런 다음에는
왜 그런가를 밝혀 나갔다."
– 윌리엄 포글러

자연적 요소들, 그리고 바람과 물로 인한 느린 침식 작용에 대해 생각하라. 디자인적 특성을 이룬 오목한 형태(concavity)로 된 몇 개의 찰흙 스케치를 만들라. 볼록한 형태(convexity)와 대비를 이루기 위해 안으로 파진 오목한 형태의 표면을 디자인한다.

"좋은 예술이나 디자인이 짧은 시간에 간단한 작업으로 이루어지는 경우는 드물다. 예술가나 디자이너는 회화, 조각 또는 제품에 대해 모든 부분이 서로 연결되어 조화를 이룰 때까지 작업을 계속 해나간다. 그것이 바로 예술을 시간을 초월하여 존재하도록 만드는 것이다. 우리는 예술작품의 완성과 일관성을 위한 그들의 끊임없는 열정을 존경한다."

가장 성공적인 스케치를 선택하여 발전시켜라. 몇 개의 찰흙 덩어리를 한데 뭉쳐 사용하라. 수평적 또는 수직적으로 탁월한 구성을 선택한다. 그 특성이 흥미롭고, 고유의 비례와 상대적인 비례를 고려한 모양으로 만든다.

주체, 부속체, 종속체의 관계를 수립하라. 첫 번째로 큰 입체형태의 공간적 관계는 전체 디자인을 표현해야 한다. 그것은 입체형태의 특성, 비례, 그리고 리듬감 있는 움직임을 나타내며, 곡선과 직선의 대비 효과와 다양성을 표현해야 한다.

대비 효과를 이루게 하라. 만일 그 형태가 서로 다르다면, 서로 보완하는 관계가 되어야 한다. 서로 보완적인 형태를 만드는 것이 같은 것을 만드는 것 보다 훨씬 더 어렵다. 보완적인 관계는 맨 처음 작업을 시작하는 단계에서부터 이해되어야 한다. 만약 문제점에 부딪치게 되면, 해결할 때까지, 그냥 거기에서 버텨 이겨내라. 형태 하나를 떼어내 본 다음, 그 형태가 없는 것이 더 나아 보이는지 살펴보라.

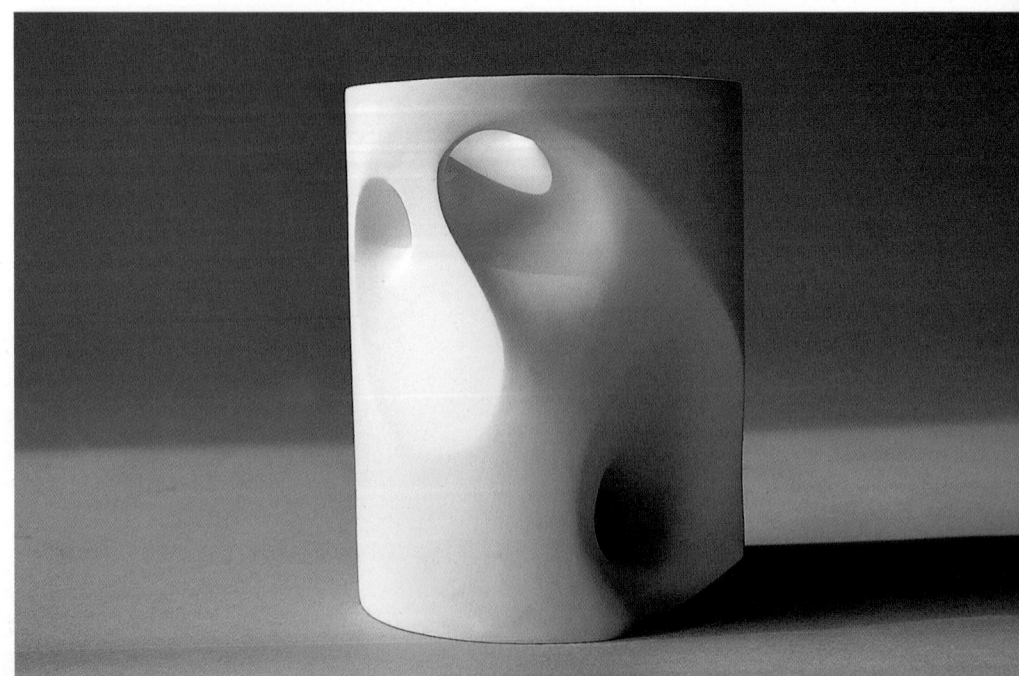

축에 대해 인지하라. 적극적 형태만 축을 지니는 것이 아니라, 안으로 파진 오목한 형태도 또한 축을 지닌다. 안으로 파진 오목한 형태의 모양이 강할 때, 그것이 하나의 오브제 형태가 된다. 그것은 거의 적극적 형태와 같은 것이다.

소극적 공간(negative space) 속에 갇히지 않게 하라. 입체형태의 공간(소극적 공간) 내부를 여기 저기 돌아다니다가 밖으로 나가서 다른 곳으로 가야 한다. 안으로 파 들어간 형태들의 모양과 움직임을 표현할 때, 그 공간은 마치 협곡을 통해 흐르는 강물처럼, 침식해 가는 과정에서 입체형태에 부딪쳐 밀어내며 순환되는 형태가 되어야 한다. 어떻게 그것을 해결하여 시각적으로 표현할 것인지를 생각하라.

적당한 입체 형태와 축을 갖게 되면, 또 다른 면에 대립하는 한 면으로 작업을 시작한다. 그런 다음에는 나머지 다른 모든 선들을 가지고 작업할 수 있다. 외부의 선들이 어떻게 내부의 선으로 연결 되는지를 주시하라.

최종 작업에서는 소금 블럭이나 석고 블럭을 재료로 사용할 수 있다. 이 작업에서는 석고를 사용하는 것이 좋다. 석고는 안으로 파 들어가는 오목한 형태 실습에서 손쉽게 둥근 끝로 홈을 파고 구멍을 뚫을 수 있기 때문에 좀더 빠르게 작업 할 수 있는 재료이다. 만일 소금 블럭으로 작업을 하려면 볼록한 형태 과제에서 했던 것처럼 줄과 사포를 사용한다.

비록 이 과정에서 재료를 선택할 수는 있지만, 처음 시작한 기하학적 형태보다 더 큰 형태를 만들려고 해서는 안 된다. 가끔 학생들은 재료의 팽창성, 그 자체를 통해 형태의 존재 가치를 높이려고 하는 경향이 있다.

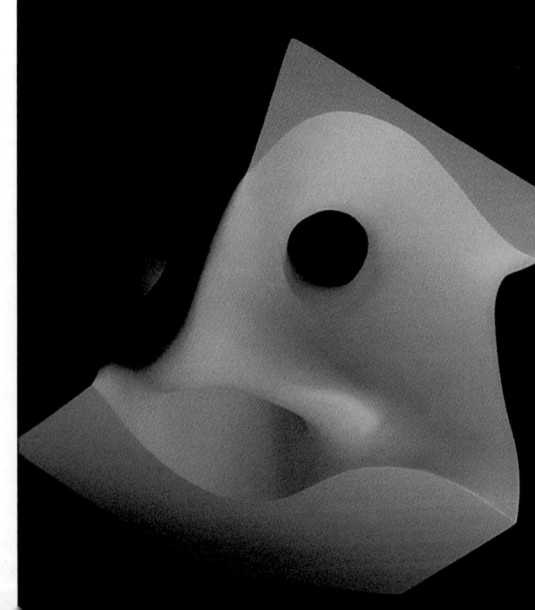

PART IV
공간에서의 형태 연구

"본 과정에서 공간분석 실습의 목적은

공간적 개념을 인식하고 그것을 다루는

능력을 개발시키며, 공간을 디자인

요소로서 활용하기 위한 것이다.

이 과제를 통해 공간을 보는 것에

익숙해지고 형태를 작업하는 것과 같은

비중으로 공간을 다루어 나갈 수 있길 바란다."

과제 I :
공간 분석 SPACE ANALYSIS

"공간에서의 면에 대한 연구는 모두

상호관계에 대한 것이다. 즉, 면들이

서로와의 관계에서 어떻게 보여지는가에

관한 문제이다. 공간상에서 면들이

서로를 위한 관계로 보이는가?

그 답은 '예'나 '아니오'로 딱 잘라 말할 수

없는 것이다. 주어진 상호 관계에 따라

그 답이 다를 수 있기 때문이다. "

적당한 크기의 직사각형 형태로 된 공간상자를 만드는 것으로 시작하라. 폼 보드 한 장을 준비하여 위, 아래 면을 자르고 다른 세 면(양쪽 옆면과 뒷면)을 잘라낸 다음, 모서리를 풀이나 핀으로 붙여 고정시킨다. 적어도 2개 이상의 정확하게 넓이가 같은 공간상자를 만든다. 하나의 상자는 공간 디자인 상자로, 다른 하나는 빈 상자로 남겨둔다. 이때 빈 상자는 작업의 발전 정도를 측정하는 데 척도 역할을 하게 된다.

지금부터 공간상자 안에 면들을 표현한다. 이것의 목표는 공간에서 적극적 형태들 사이에 형성된 소극적 볼륨을 전개해 나가는 구성을 하기 위함이다. 여기서 도전하게 될 것은 면의 축과 그들 사이의 긴장감을 이용하여 소극적 볼륨에 대한 인식을 강화하는 것, 즉 소극적 볼륨을 활성화하고 가능한 한 3차원적(3-D)으로 전체적인 구성을 해나가는 것이다.

가장 단순한 것으로 시작해서 복잡한 것으로 이동하면서, 고정적인 것, 역동적인 것, 그리고 곡면으로 작업을 진행하게 될 것이다. 면의 시각적 특성이 좀더 복잡해짐으로써, 이 실습에서는 보다 큰 억제력, 세련미, 민감성이 요구된다. 이 실습을 통해 학생들은 소극적 볼륨을 전개하는 것을 최우선 순위로 두는 것이 훨씬 더 어려운 것임을 알게 될 것이다.

구성이 성공적으로 되었을 때, 디자인된 공간상자 안의 소극적 볼륨은 빈 상자에서 보다 더 크게 보여야 한다. 면의 조심스러운 배치와 면들 사이의 긴장 관계는 소극적 볼륨이 그 자체의 특성을 지니게 하고 생동감을 준다.

작업하고 있는 면의 종류에 상관없이, 이러한 공간분석 실험을 위한 일반적인 규칙은 동일하다.

면들은 서로 보완적이어야 하고 그 특성과 비례가 다양해야 한다. 면들은 x, y, z 축을 따라 움직이는 것으로, 가능한 한 3차원적(3-D)으로 배치되어야 한다.

모든 면들을 공간상에 떠있도록 하라. 가는 선(낚시 줄) 또는 흰 실을 사용하여 공간상자에 면을 매단다. 면들끼리 또는 공간상자와 면이 서로 닿거나 뚫고 들어가서는 안 된다. 혼돈을 줄 수 있기 때문에 면을 서로 연결하는 방법은 지금 다루지 않는다. 공간상자에 면을 매단다는 것으로 적극적 형태인 면들 사이에 형성된 소극적 볼륨이 손 안에서 이루어지는 작업에만 쟁점을 두던 우리의 주의력을 공간상으로 확대시켜 주는 것이다.

신중하게 첫 번째 면의 위치를 정하라. 그 첫 번째 면은 공간에서 중심적인 움직임을 형성하고, 다른 모든 작업에 어떻게 영향을 주어야 하는가에 대한 시발점이 된다. 실제

로 첫 번째 면은 공간에서 디자인을 하기 위한 환경을 만들어 준다. 먼저 공간상자에 그 위치를 정한 다음 설치해 나간다.

공간상자가 대칭으로 나눠지지 않도록 주의하라. 공간을 전개시키려면 입체형태에 대한 감각을 가져야 한다. 위치 설정을 위한 지침을 세우자마자 그 감각을 제한한다.

면들 사이, 그리고 공간들 사이에 주체(dominant), 부속체(subdominant), 종속체(subordinate)의 관계 를 정립한다.

면들이 서로를 인식하게 하고, 면과 공간 사이를 활성화시킨다. 공간을 활성화시키기 위해 그 면들의 표면 을 둘러싼 긴장감과 축의 움직임을 이용하라. 가장 큰 두 면은 서로 분리해 놓아야 한다. 시각적 구성 에 있어서 중요한 것은 면 그 자체가 아니라 두 면 사이의 공간적인 긴장감이다.

"축들 사이의 추상적 관계를 인지한다면, 자신의 디자인에 대해 더 나은 통제 수단을 얻을 수 있다. 만약 그와 같은 개념을 여러분들에게 인식시켜 줄 수 있다면, 나는 이 일에서 내가 맡은 바를 다했다고 할 수 있을 것이다. 축은 그 자체만으로도 충분히 추상적 개념을 형성한다. 그것은 3차원적이며, 거기에는 대립(opposition)이 있고, 균형(balance)이 있으며, 구조(structure)가 있다."

각 면들이나 면 그룹들 사이의 공간이 서로 분리된 공간으로 느껴지지 않도록 주의하라. 이 공간들은 전체 디자인의 가장 중요한 부분이다. 이것은 작품의 '흐름'뿐만 아니라 '조화'를 표현한다.

전체적으로 보는 시각을 잃지 마라. 이 실습은 면의 형태에 대한 것이 아니다. 공간상자 안에 있는 모든 면들을 주시하고 소극적 볼륨에 영향을 미치는 또 다른 면들의 상호관계에 집중한다. 면들 사이의 비 례와 특성, 그리고 축에 대해 인식해야 한다. 이처럼 면들의 관계에서 인식된 것들을 공간을 활성화하 고 전개시키는 데에 이용하라.

우리는 적극적 형태에 집중하는 것에 익숙해져 있기 때문에, 그 적극적 형태들 사이에 형성된 소극적 볼륨에 초점을 두어 작업을 진행한다는 것은 매우 어려운 일이다. 그것은 형태들이 주의를 끌고 소극 적 공간보다 더 흥미로워질 때 비로소 가능해진다. 소극적 볼륨을 가장 흥미로운 대상이 되도록 한다 는 것은 매우 어려운 일이다. 하지만 공간상자에 적합한 크기와 서로를 보완하는 형태를 사용하는 이 실습은 바로 그러한 도전을 위한 것이다.

"이 공간분석 실습은 내적인 성찰과 기도……, 그리고 비례 스케치를 필요로 한다."

생들이 그 공간에
무엇이 없는가를
찾아내는 능력을
키우는 데
5주가 걸리고,
적극적 형태들로
간에 어떤 변화가
일어나고 있는지
이해하는 데
시 5주가 걸린다."
- 케이트 힉슨

몇 개의 실험 스케치 모델을 만든 다음 공간상자의 온도를 설정한다. 차가운 느낌과 뜨거운 느낌을 생각하라. 디자인된 공간상자가 얼마나 성공적으로 되었는 지를 빈 상자와 비교해본다. 한 공간상자 안에서 어떤 곳은 다른 곳에 비해 온도가 높은 것을 발견하게 될 것이다. 시각적으로 만족스러워야 하고 가슴으로 그것을 느낄 수 있어야 한다. 비평적인 시각으로 오랜 시간 동안 관찰하다 보면 공간적인 관계에 민감해지도록 우리의 눈을 훈련시킬 수 있다. 그리고 이러한 감각은 완전히 새로운 세계를 열어줄 것이다.

새로운 아이디어로 작업할 때, 그 동안의 작품들을 버리지 말라. 이전 작품들을 보관하고 그것의 관점과 새로 발전된 작업을 비교해 본다. 학생들에게, 하나의 수업에서 여섯 개의 공간상자를 관리하는 일은 쉬운 일이 아니다(빈 상자 2개, 기존의 디자인 상자 2개, 변경된 디자인 상자 2개).

공간 상자가 완성 되면, 소극적 볼륨(negative volume)이 전개되었는지를 스스로 질문 해본다. 소극적 볼륨을 활성화 시켰는가? 그것은 단지 면의 집합으로 이루어진 구조물인가, 아니면 공간이 그 자체로 살아 있는 것인가? 흥미롭고 추상적인 구성을 이루었는가? 주체적 요소, 움직임, 동작은 무엇인가? 표면과 축들 사이에 긴장감이 있는가? 디자인이 모든 방향에서 만족스럽게 보이는가?

이 모든 작업을 다 설명한 지금, 마지막으로 지금까지 제안해 온 기술과 방법의 단계들에는 어떠한 기교나 요령도 없음을 강조하고자 한다. 비결이란 있을 수 없다. 소극적 볼륨은 추상적 개념이며, 여러분의 임무는 그것을 보고 느끼고 다루기 위해 노력을 통해 자신만의 방법을 찾는 것이다.

"소극적 볼륨에 대한 나의 실험은 매우 융통성이 없다. 집중적이며 지속적인 작업을 통해, 그것이 '아이쿠' 소리를 내며 뚫릴 때까지 꿰뚫어라."

고정된 면 STATIC PLANES

첫 번째 과제에서 적어도 3개의 면을 가지고 작업한다. 모두 같은 두께의 폼 보드를 사용하여 모든 모서리의 각도가 19도가 되게 자른다. 면의 비례는 임의로 정한다. 고정된 면을 사용하는 이 실습에서, 모든 면들은 평행이 되거나 공간상자에 대해, 그리고 면들끼리 서로 일정한 각도를 유지하여야 한다. 그 동안 논의해 온 규칙에 따라 그 면들을 디자인 상자에 배치하라. 이는 고정적, 역동적, 곡선적 개념, 즉 모든 공간분석 실습에 적용되는 것이다.

"소극적 공간은 형태와 공간을 함께 어우러지게 하고, 공간을 풍성한 느낌으로 채워준다. 공간은 형태와 비례를 함께 가지며, 대부분의 경우 그것은 우리가 작업하고 있는 적극적 형태들보다 훨씬 더 복합적이다. 그러나 우리는 그것을 그냥 얻을 수는 없다. 그것을 보는 법을 배워야 한다."

– 데보라 존슨

x, y, z 세 축을 따라 움직이는 면들을 가지고 진행하는 3차원적 작업이라는 것을 잊지 말라.

절대로 공간의 중앙에 면을 놓지 않는다. 고정된 공간상자에서 중앙에 면을 놓을 경우, 공간상자 가장자리의 교차된 부분이 우리가 활성화시키고자 하는 공간을 시각적으로 흐트릴 것이다.

흰색 상자 안에서 모든 소극적 볼륨을 성공적으로 전개하게 되면 회색 명도를 추가로 시도한다. 색상표에서 2단계 간격으로 적어도 3가지 이상의 회색 명도를 사용하라. 이 회색은 면의 어떤 표면(상자의 측면, 위, 아래와 면 또는 면의 가장자리)에도 적용이 가능하다. 그것은 단순한 장식적인 의미로 사용되는 것이 아니다. 그 목적은 복합성을 배가시키는 데 있다. 또한 소극적 볼륨을 전개시키고 회색 상자를 흰색 상자보다 더 커 보이게 하는 추가적인 긴장감(형태들 사이에서 뿐만 아니라 회색 명도들 사이에)을 조성하기 위한 것이다.

회색 명도의 사용은 선택적으로 한다. 만일 모든 면에 회색 명도를 사용한다면 공간 감각을 잃어가기 시작할 것이고, 그 면들은 아이디어에 대한 그래픽적인 연출을 하는 것으로 변해버릴 것이다. 이 실습은 면 자체를 보기 위한 것뿐만 아니라, 면의 위치를 정하므로써 만들어지는 공간을 보는 능력을 키우기 위한 것임을 기억하라.

소극적 볼륨을 전개하기 위해 회색 명도를 사용하여 실험 결과를 얻은 다음에는 색채로 실험해본다. 여러 색을 사용하거나 한 가지 색에 여러 명도를 사용한다. 선택한 색은 어느 표면에든 적용할 수 있지만 일관된 방식으로 적용해야 한다. 마치 포스터처럼 문제 해결을 하지 않도록 하라. 이 실험의 목표는 소극적 볼륨을 전개하기 위해 색채의 힘(효과)을 이용하는 것이다.

역동적인 평면 DYNAMIC PLANES

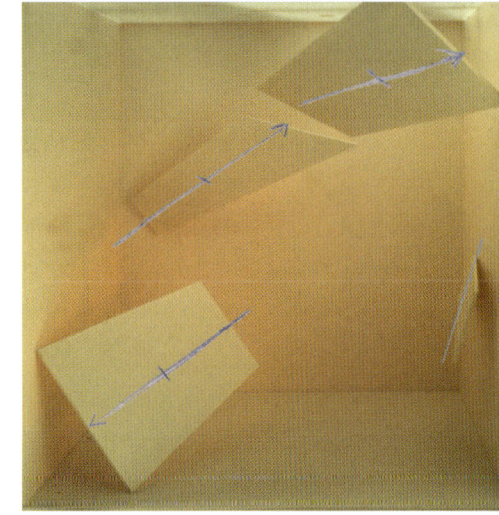

이 실습에서 우리는 직각이나 삼각뿔(화살표) 모양이 아닌 한 이 뾰족한 역동적인 면들을 다루게 된다. 이 면들은 결코 공간상자의 위나 아래, 측면, 또는 다른 면들에 대해 직각으로 위치해서는 안 된다. 다시 한번 말하지만, 면에 구멍을 뚫거나 서로 연결해서는 안 된다. 방향을 바꾸는 형태와 같은 복합적인 면들을 사용하라. 하지만 그러한 면들은 두 개의 면이 연결 된 것이 아닌 한 개의 구부러진 면(bent plane)이어야 한다.

단순한 면들을 가지고 작업을 진행하기로 결정했다면, 3개의 면을 사용하라. 만일 디자인에 이미 복합적인 면이 들어가 있다면, 2개의 면만을 사용할 수 있다. x, y, z의 세 축을 따라 모두 3차원적으로 움직이는 면들과 그들 사이에서 축을 갖고 움직이는 역동적인 면들로 작업한다는 것을 잊지 말라.

"축을 디자인 한다는 것은 거의 모든 것을 디자인하는 것이다."

면을 자르는 방법이 중요하다. 역동적인 면들은 뾰족해야 한다. 테이블 위에서 잘라 만든 면들이 공간상자 안에서는 아주 다르게 보일 것이다. 그 상자 안의 정황에 맞춰 면들을 디자인하라. 축을 강화시키기 위해 면의 가장자리를 자르고, 뾰족한 면부터 시작하여 면들을 공간상자 안에 배치해 나간다. 항상 상대적인 비례와 특성, 그리고 면들 사이의 보완적 관계에 주의를 기울인다.

역동적인 면을 다루는 이 실습에서는 축의 움직임이 가장 우선적으로 고려된다. 축에 대해 인식하고 면들의 축 사이에 긴장감이 조성되도록 면을 배치하라.

공간상자가 대칭으로 나눠지지 않도록 주의하라. 둘 또는 네 부분으로 공간상자가 나눠지지 않도록 하고, 비스듬한 사선을 따라 역동적인 공간상자가 양분되지 않도록 주의 한다.

고정된 공간에서 주체(dominant), 부속체(subdominant), 종속체(subordinate)의 관계를 정립해야 한다. 주체와 부속체는 다른 몇 개의 작은 형태들과 함께 공간에서 완성된 균형을 이루기 위해 방향력의 균형을 절반 이상을 만들어내야 한다.

가장 큰 면은 가장 드라마틱하고, 시각적으로 가장 구조적이어야 하며, 전체 공간상자에 중심적인 움직임을 만드는 축을 가져야 한다. 일단 그것을 구성한 다음에 다른 면들에 대해서 생각할 수가 있다. 공간상자에서 첫 번째 움직임이 얼마나 중요한가는 아무리 강조해도 충분치 않다. 그것은 작업을 실패로 이끌 수도 있고 성공적으로 만들 수도 있다.

지금부터는 축(axis)에 초점을 둔다. 뾰족한 면(tapered plane)부터 시작한다. 면의 축을 표시하기 위해서 40cm 길이의 검정색 차트 테이프를 사용한다. 그렇게 테이프로 만들어진 선들을 분석하라. 그리고 면이 축의 움직임을 지탱하는지, 또는 면의 가장자리가 모양을 내어 그려져서 시선을 흐트러지게 하지 않는지 주의 깊게 살펴본다.

면들의 축 사이의 관계는 이 실습에서 가장 결정적인 관계이다. 축보다 더 중요하게 보이기 위해 면의 외곽선을 그리지 마라(어떠한 조형적 형태도 절대로 안 됨). 축보다 외곽선을 더 강하게 하거나 더 흥미롭게 만드는 것은 디자인을 약화시킨다. 또한 입체적인 공간을 평면적으로 만들어 평평한 공간을 구성

한다. 만약 면의 외곽선을 보고 있다면, 입체는 보지 못하게 된다. 이것은 입체에 대한 중요한 취지를 벗어나 선을 보는 데 그치게 되는 것이다.

공간에서의 역동적인 면(dynamic plane)에 대한 과제는 고정된 면(static plane)의 과제에서 도전한 모든 실험을 포함하며, 여기에 속도를 추가한다. 이는 우리로 하여금 구조의 중요성에 대해 인식할 수 있게 한다. 면의 구성은 시각적으로 구조적이어야 한다. 공간을 가로 지르며 움직이는 면은 곧 넘어질 것처럼 보이거나 너무 무거워 보여서는 안된다. 공간상에서 비행기가 어떻게 방향을 바꾸는지, 어떻게 속력을 낮춰 비스듬하게 비행을 하는지에 대해 생각해 본다. 면들이 마치 상공에 떠다니는 구름 같이 보이지 않도록 주의하라. 구조적으로 편안하게 보이도록 면들을 구성하라. 그 상황에 어울리는 적합한 동작(gesture)을 선택하라. 예를 들어, 한쪽 발끝으로 춤추는 것은 하마에게는 어울리지 않는다.

한 공간상자에서 보기 좋은 면이 반드시 다른 비례의 공간상자에서도 같은 속도를 유지하는 것은 아니다. 이것은 주변 공간에 의해 영향을 받는다. 면의 끝이 점점 뾰족해 질수록 그 자체의 속도는 증가하게 된다.

역동적인 면들 사이의 긴장 상태는 고정된 상황에서보다 더 복잡하다. 이 실습에서는 면의 표면들 사이의 긴장 상태와 축들 사이의 긴장 상태, 두 종류의 긴장 상태를 접하게 된다. 여기서 우리는 추상적 구성을 창조하는 이들 두 가지 힘을 만들어야 한다. 우선 소극적 볼륨의 활성화를 위해 지속적으로 노력해야 하겠지만, 이 일은 점점 더 힘들어 질 것이다.

이 과제는 방향적인 힘의 균형과 축의 속도, 그리고 그들 주변 공간과 연관된 면들 사이의 긴장 상태에 대해 실험하는 것으로, 면과 공간 사이가 어떻게 활성화 되는가를 보는 것으로 시작한다. 공간은에 지에 대한 고도의 감각을 필요로 한다. 그것은 디자인에 있어서 적극적인 역할을 한다. 공간은 사실상 면의 표면을 저항하여 밀어 낸 것이다.

곡선적인 면 CURVILINEAR PLANES

최종적으로 우리는 곡선적인 면(curvilinear plane)을 가지고 작업한다. 먼저 준비 작업으로 철사 과제를 위해 만든 곡선 도표(P 102-3, 곡선 차트)를 참조한다. 곡선에 대한 용어는 선 작업이나 면 작업에 동일하게 적용된다. 이것이 바로 여기서 함께 다룰 용어들이다. 곡선으로 된 면을 만들기 위해서는 폼 보드에서 브리스톨 보드로 재료를 바꾸어야 한다. 면을 길게 관통하는 축을 갖는 것에 대한 중요성을 인식한다. 면의 모양은 그 축의 움직임이 어디서 시작해서 어디로 가는가를 반영하는 것이다. 즉, 면의 모양에 의해 축의 움직임이 결정된다.

뾰족한 면과 곡선적인 면으로 시작하라. 공간상에 있는 면에 검정색 차트 테이프로 축을 표시하라. 면이 구부러지는 것으로 인해 면의 가장자리가 어떤 모양을 내지 않도록 주의한다. 면의 움직임을 명확하게 나타내기 위해서는 면의 가장자리가 깔끔하게 다듬어져야 한다는 것을 알 수 있을 것이다. 면의 가장자리를 울퉁불퉁하게 두지 마라. 면들이 거칠게 보여서는 안된다.

2개 이상의 면을 사용하라. 만일 2개의 면만 사용하고자 한다면 x, y, z 세 방향 모두로 움직이는 것을 확실히 하기 위해서, 그 중 하나는 복합적인 곡선, 즉 역전된 곡선(reverse curve) 등과 같이 두 곡선이 복합된 곡선이어야 한다. 가능한 가장 흥미로운 방법으로 공간을 통과하여 움직이도록 공간상자에 그 곡선들을 배치한다. 만일 3개 이상의 면들로 작업한다면, 그룹을 짓도록 한다.

주체, 부속체, 그리고 종속체의 관계를 정립하는 것으로 시작하는 모든 공간분석 실습에 공통되는 지침을 따라 진행한다. 다시 한번 말하지만, 면들이 서로 닿거나 서로 뚫고 들어가지 않도록 한다. 고정적이거나 역동적인 면 보다 곡선적인 면의 공간분석 실습에서 디자인을 전개하는 것이 좀더 어려울 것이다. 각각의 면들을 작업하기 위해 6개 이상의 달아맬 수 있는 지점이 필요하다.

이 실습에서 다음 3가지의 과제를 수행해야 한다는 것을 기억하라. 첫째, 공간을 전개하고 소극적 볼륨을 활성화 시키는 것. 둘째, 공간 전체의 조화로운 통합을 이루는 것. 셋째, 공간과 면이 똑같이 중요하며, 서로 떨어 질 수 없는, 긴밀하며 서로 의지하는 관계로 디자인되어야 한다는 것.

역동적인 면으로 곡선적인 면과 함께 작업을 할 때는 속도감에 대해서도 인식해야 한다. 속도의 개념에서 곡선적인 면들을 분석하라. 디자인상에서 각각 그 위치를 유지하고 있는 면들을 위해 그 면들의 곡선이 얼마나 빠르게 움직여져야 하는가를 스스로 질문해 본다.

이 실습은 자제력과 예리한 감각을 요구하는 작업이다. 이 작업을 진행하는 과정에서 축을 다루다 보면, 곡면의 움직임에 집중하여 공간을 이루는 대신에 공간상의 오브제를 만드는 데 빠질 수 있으므로 주의하라.

곡선적인 면은 매우 흥미로운 모양이 될 수 있다. 하지만 그것은 공간을 망각하고 면에 집중하도록 부추긴다. 흔히 학생들은 상자 안에 어떤 아름다운 것을 넣기 위해 애를 쓴다. 상자 안에 공간 대신 오브제를 만들어 넣으려고 하는 것이다. 디자인이 공간상자 없이, 또는 공간상자가 디자인 없이 존재할 수는 없다. 이들 둘의 관계는 서로를 도와 줄 수 있도록 연결되어야 한다.

과제 11:
공간 디자인 SPACE DESIGN

"이 과제는 공간분석 과정에서

추상적 실습에 뒤따르는 것으로,

학생들이 추상적 실습을 완전히

터득하기 전에는 성공적으로

완성될 수 없다."

실내 또는 실외의 흥미로운 공간에 대하여 몇 개의 3차원(3-D) 스케치를 만드는 것으로 시작하라. 카드 보드, 폼 보드, 브리스톨 보드, 병뚜껑 등 아이디어를 표현하는 데 필요한 재료들을 사용한다. 이 단계에서 특정한 재료의 적용 방법에 대해서 생각할 필요는 없다. 단지 탐구를 위해 이것들을 사용하라.

매우 흥미로울 뿐만 아니라 스스로 다룰 수 있다고 생각하는 주제를 선택하라. 이 과정에서는 공간의 감성적인 부분에 대해 다루게 되므로, 공간 상에서 느낌을 교류할 수 있어야만 한다. 그 공간은 고정적, 역동적, 유기적인 공간이 되거나 그 세 가지가 복합된 공간이 될 것이다. 이 과제에서는 지금까지 해온 것보다 더욱 적극적 형태를 강조하게 된다. 여기서는 40퍼센트의 적극적 형태와 60퍼센트의 공간 구성, 또는 그 반대의 비율을 이루어야 한다.

"공간에 대한 해결안이 나올 때까지 세밀한 작업을 할 일은 없다. 내부 공간을 디자인하는 디자이너들은 십중팔구, 공간을 완전히 채우는 색채와 형태에 지나치게 중점을 둔다. 그런데 그 과정에서 그들이 시작하면서 다룬 그 공간은 사라져 버린다. 그래서 이러한 실습이 더욱 중요한 것이다."

상상적이며 드라마틱하고 자극적인 주제를 선택하라. 여느 실내 디자이너라도 다 할 수 있는 평범한 실내 공간이 아닌, 그간에 겪어온 경험을 통해서 나온 어떤 특별한 것을 그리되, 너무 기능적인 것은 피한다. 수영장, 체육관, 동물원은 학생들이 예전부터 이미 탐구해온 흥미로운 아이디어가 될 수 있으며, 전시장, 예배당, 극장, 경기장, 시장 등도 고려해 볼 수 있을 것이다. 이렇게 해서 3차원적으로 작업한 아이디어 스케치들은 추상적 개념을 유지해 나간다. 이 과정에서는 직관적이고 빠르게 작업하라.

3차원적 스케치 작업을 한 것 중에서 6개의 3차원 스케치 모델을 선정하여 발전시켜라. 그리고 공간에서 요소들의 관계와 움직임을 계속 진행시켜나간다. 흥미롭고 세련된 3차원 스케치가 완성된 다음에는 이 작업을 위해 스스로가 내린 결정

 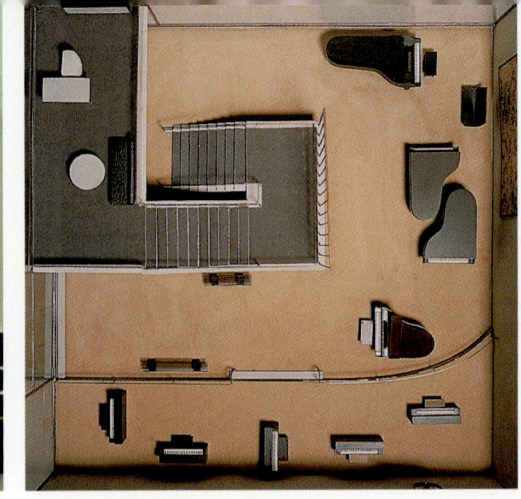

에 연루된 것들을 고려한다. 어떤 특정한 형태들이 왜 그와 같은 모양을 가지고 있으며, 그것들이 전체 공간과 다른 형태들에 어떻게 관계하고 있는가?

그 다음으로, 평면적으로 몇 개의 비례 스케치를 만든다. 비례와 동작을 분석한 평면도 (plane-view) 스케치를 빠르게 만들기 위해 신문지와 크레용을 사용하라. 이 스케치 작업은 단지 분석을 위한 것일 뿐이다. 이것을 도면(drafting)으로 여기지 말라.

계속 스케치 작업을 진행하여 점점 더 기능적으로 표현하되, 아직은 추상 개념에 초점을 두고 진행한다. 이 과정에서 비용과 같은 현실적인 문제를 고려할 필요는 없다. 실제에 있어서는 간략한 것으로 디자인 하게 될 것이다. 이 실습에서는 추상적 개념을 간략한 디자인 개요 정도로 생각한다. 이것이 바로 적은 수의 몇 사람들만이 그 대가를 지불하고자 했던 길고 훌륭한 켄틸레버(외팔보: 건축용어)를 디자인하기 위한 기회이다.

이 실습에서는 가구에서부터 조형적 오브제를 거쳐 계단에 이르기까지, 모든 작은 형태들이 결정적으로 중요하다. 공간과 관련하여 적당한 동작, 비례, 크기의 형태를 만들어야 한다. 작은 형태들의 그룹이 공간적 요소를 만들 수 있다는 것을 인식한다. 예를 들어, 경기장 좌석의 줄들이 커다란 면이 될 수 있는 것이다.

디자인을 할 때, 이런 형태들을 너무 일찍 잡지 말라. 먼저 큰 공간적인 문제를 해결한 다음에 공간 안으로 들어가서 작은 형태들을 구성한다. 그리고 마지막 단계에서 세밀한 마감 작업을 하라.

"오브제에 대한 생각은 그만 하자! '탁자'라고 부르지 말고 '면'이라고 불러라. 이 면이 저 면에 어떻게 관계하고 있는가? 이렇게 말하는 것이 작업의 전개를 생각하는 데 도움을 준다."

'인테리어 디자인
것을 진행하는 데
장 어려운 부분은
테이블과
의자는 수평적인
면이고, 계단은
스듬한 면이라는
것을 기억하는
것과 같은 추상적
념으로 작업하는
었다. 일반적으로,
작업은 너무 쉽게
술적 쟁점 속으로
들어가게 되고
문제점들을
내어 디자인과는
멀어지기 쉽다.
리는 그 두 가지
문제점을 모두
가질 수 있다."
– 파멜라 워터스

PART V
연구 개발 (학생 작품)

"이것은 학생들이 추상적 형태를

지속적으로 탐구할 뿐만 아니라,

그들의 작업을 위해 어떤 실질적인

요구사항(criteria)을 적용하여 개발한

작품 사례들이다. 이 작품들은

실제 공간이나 제품들이라기보다는

순수한 형태 실습과 생산을 위해 디자인된

실제 제품들 사이의 작업 단계를

보여준다. 여기에 수록된 사례들은

학생들의 창조적인 작업 진행이

어떠한 요구 조건들에 의해 좌우되지 않고,

그들이 형태를 제작하는 솜씨에 따라

기능적, 인간 공학적인 측면과

재료의 요구 조건들을 적용한 작품들이다."

"로웨나는 내가 궁금해 한 것을
가르쳐 주었다. 그녀는
개성 없는 지루한 디자인과
의미 있고 흥분될 정도로
미적 가치를 지닌 디자인의
차이점을 가르쳐 주었다."
– 프랭크 그룬왈드

여기에 실린 몇몇 작품들은 앞에서 소개한 추상 개념 실습을 직접적으로 반영한 것들이다. 예를 들어, 앞 페이지의 전화기 작품은 볼록한 형태(convexity)나 오목한 형태(concavity)의 실습에서 탐구한 내용에 그 기초를 둔 입체 형태로서, 선(수화기 부분), 면(수화기를 올려 놓는 납작한 목 부분), 입체(전화기 아래 부분)의 직접적인 결합을 보여주고 있다. 이것은 벽에 매다는 방식의 전화기를 응용한 모델에서 초기의 수화기를 몸체에 걸어 세워놓는 방식의 모델로 그 형태가 되돌아 간 것이다.

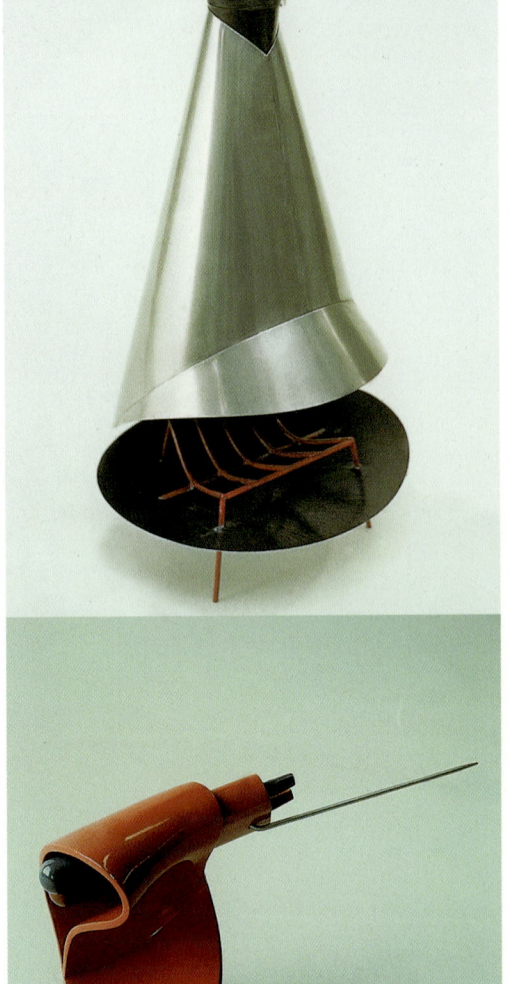

어떤 작품들은 기능이나 효율성을 나타내기 위해 형태를 사용한다. 예를 들면, 전동드릴에서 몸체의 곡선 면과 공구의 측면에 있는 오목한 형태에 의해 만들어진 제스처는 이 공구가 하는 일을 제시해 준다. 또 하나는 공구 디자인의 재료들이 드릴 작업을 하는 재료들로, 거의가 구부러진 금속이나 나무인 것을 볼 수 있다. 라디오는 선, 면, 입체 요소들의 복합적인 개념이다. 여기에서 면(plane)의 취지는 그 작동에 대해 강하게 인지하도록 만들고, 물체의 형태와 방송을 위해 제작된 소리와의 사이에 관계를 만드는 것이다. 전동드릴은 제스처와 덩어리감이 힘을 보여주도록 디자인된 매우 훌륭한 구조물이다. 여기 소개된 작품은 평범한 기능을 재고하여 디자인한 것이다. 160쪽에 실린 영사기의 디자이너는 영사기사의 손에 들린 도구에 대해 생각했다. 그것은 일반적으로 감긴 테이프를 바꿀 때조차도 사람이 스크린을 보기 위해 기계를 돌려야 하는 문제점을 지니고 있었다.

여기에 실린 몇몇 작품들은 형태가 생산 과정과 재료의 가능성으로부터 나온다는 것을 보여준다. 1960년대부터 시작된 자동차 표면에 대한 디자인 경향(156페이지), 즉 자동차 내부공간으로 떨어지는 듯한 뒷자석의 연결되는 형태와 일반적인 잘라내는 방법에서 변화를 시도한 바퀴 뒷부분의 안으로 들어간 형태는 자르고 용접한 제품보다는 주물 성형된 제품을 제안하고 있다.

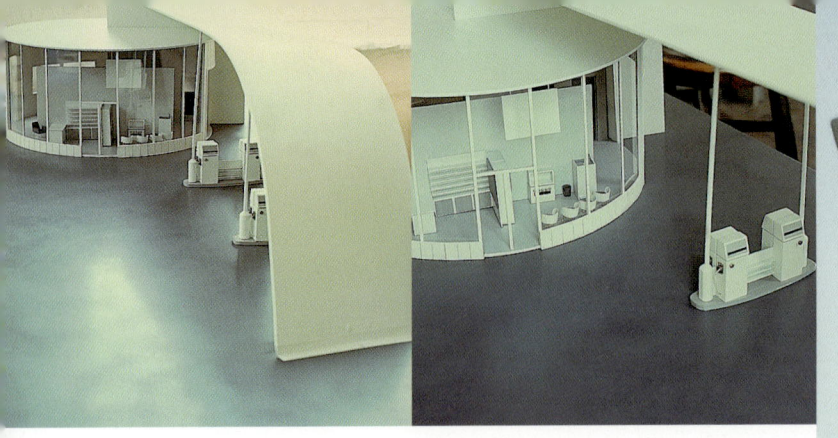

160쪽의 전화기들은 동일한 문제에 대한 여러 가지 기능적 해결 방안(다이얼, 번호판)과 형식적인 접근 방법(오목한 형태와 볼록한 형태, 직육면체, 평면)을 보여준다. 카세트 레코드가 부착된 턴테이블은 새로운 테크놀로지로 고안된 디자인이다. 이 제품이 완성된 당시, 카세트는 최신 발명품이었다.

주유소 디자인은 기능적인 공간을 표현하고 있다. 의자 작품들은 철저히 차별화된 결과를 위해 다양한 재료들을 도입한 것들이다. 면들 사이에는 긴장 관계가 형성되어 있고, 입체적 형태를 만들기 위해 조이고 부풀리는 방법을 사용하고 있다. 모두 제스처와 비례에 대해 표현한 것으로서, 디자인에서 소극적 볼륨을 만드는 곡면들과 우아한 선의 흐름으로 윤곽을 이룬 금속 파이프들을 볼 수 있다.

"여러분이 그것을 더욱 아름답게 만들 수 없다면, 무슨 의미가 있겠는가? 누구라도 다른 방법으로 그것을 할 수 있을 것이다."

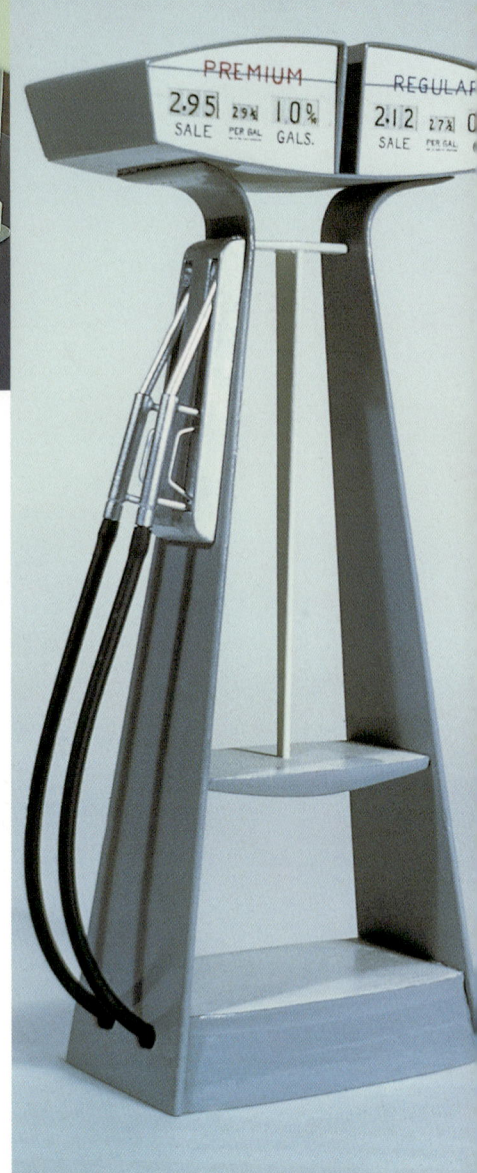

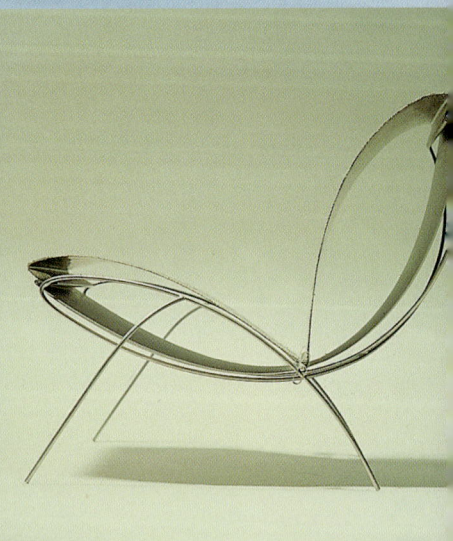

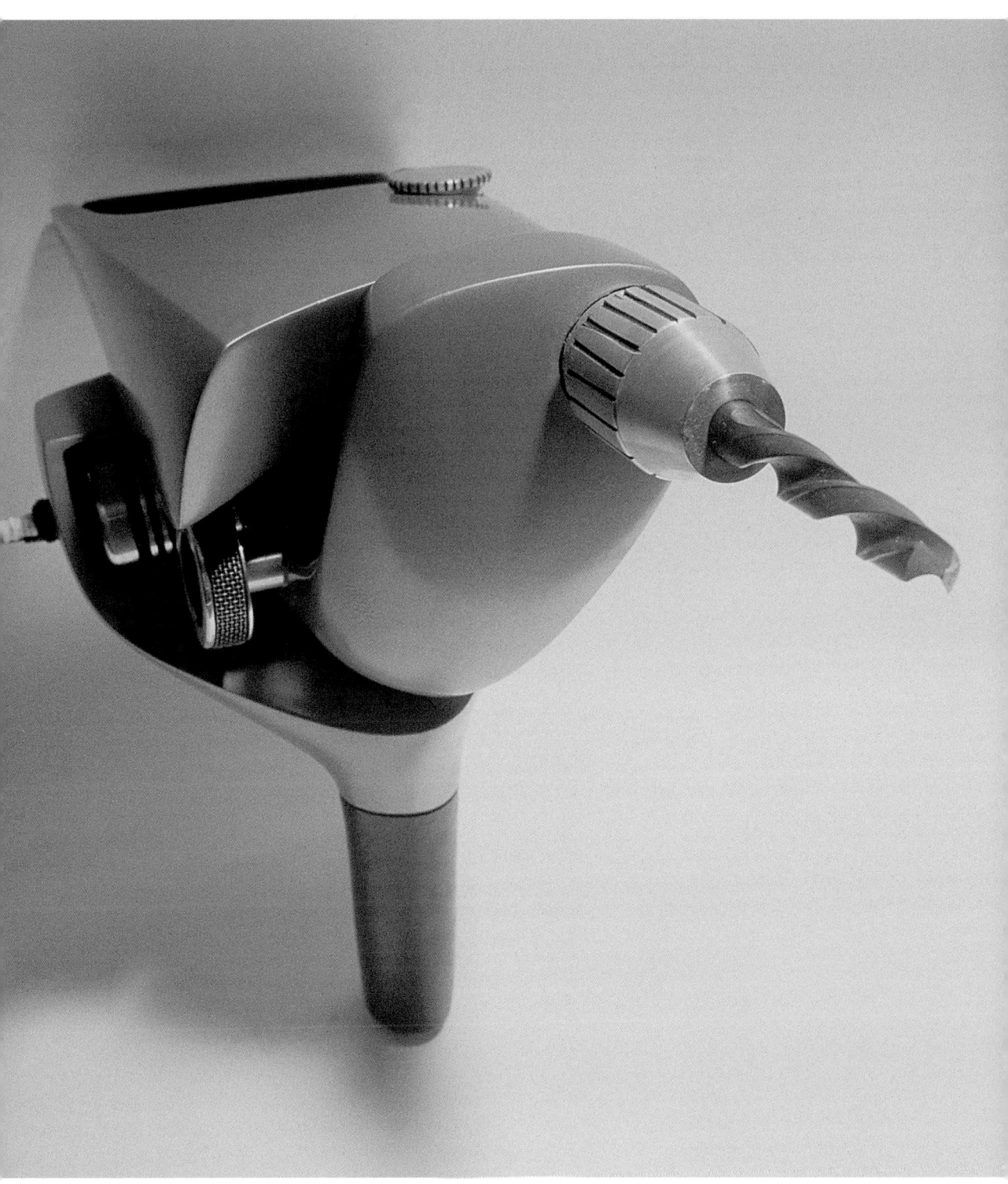

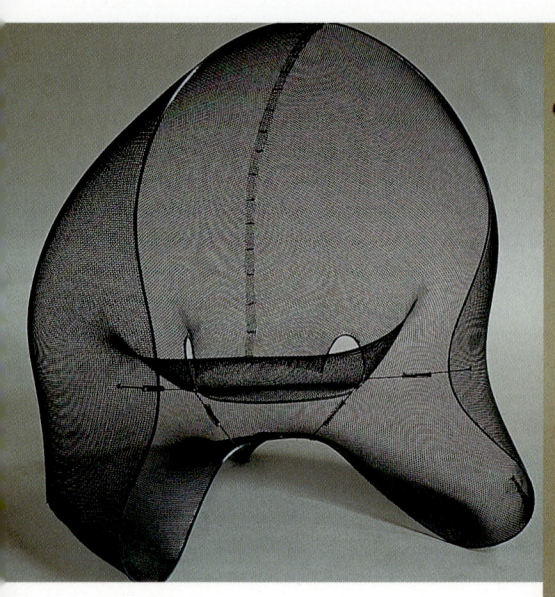

"만약에 여러분이 자동차 또는 어떤
다른 제품의 디자인 프로젝트에서
눈앞이 캄캄할 정도로 막막해진다면,
먼저 주체, 부속체, 종속체를 생각하라.
이를 통해 작업 진행을 위한 정확한
중심을 잡을 수 있다. 그것이 디자인의
중추를 이루는 가장 중요한 부분이다."

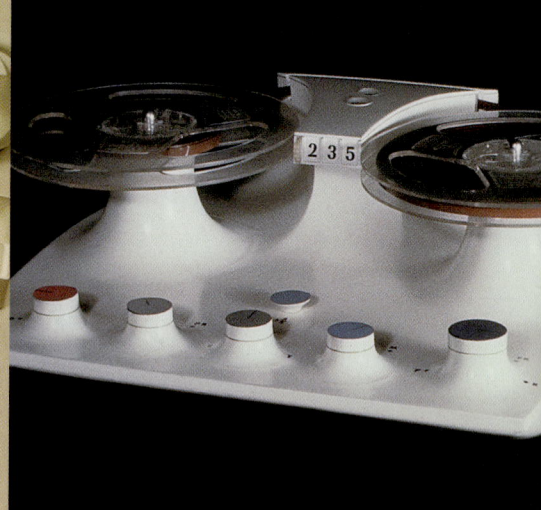

"로웨나가 준 가장 중요한
선물은 조화로운 통합을 이루는
감각을 기르는 능력이다.
다시 말해, 디자인에서 어느
한 부분을 떼어내게 되면,
그 디자인이 다른 한쪽으로
넘어진다는 것을 인식하는
것이다. 그러한 능력은 영원히
사용할 수 있는 하나의
도구이며, 그렇게 사용하다
보면 점점 커지게 된다."
– 제프 카펙

PART VI
디자이너 작품

이번 장에서는 마지막으로, 로웨나 리드의 제자들에 의해 선정된 가구,
포장(패키지), 조명, 자동차, 장신구, 실내, 전시, 조각 등의 전문 디자이너의
작품들을 소개한다. 여기에 소개된 작품들은 형태와 재료를 마감 처리하는
데에 추상적인 시각적 상호관계를 반영하고 있다.

P158, 159 사진 설명:

1947년 터커가 개발한 52 모델,
왼쪽부터 버드 스테인힐버(Budd
Steinhilber), 할 버그스트롬(Hal
Bergstrom), 필립 에간(Philp Egan),
월터 마굴리스(Walter Margulies)

* 이 사진에는 나오지 않은 다른 리펜코트
(Lippencott) 디자이너들:
리드 비마이스터(Read Viemeister),
터커 마다위크(Turk Madawick).

DAP(로고와 패키지 디자인)
리드 비마이스터와 버드 스테인 힐버,
바이디자인 스튜디오(Vie Design
Studios), 1951

"로웨나의 가르침은
그녀가 체험을 통해 우리에게
전해준 것을 흡수하고
입증하는 것으로 이루어졌다.
우리는 그것을 깨닫기 전에
먼저 흡수했고, 그런 다음에
그것의 타당성을 이해해 나갔다."
– 리드 비마이스터

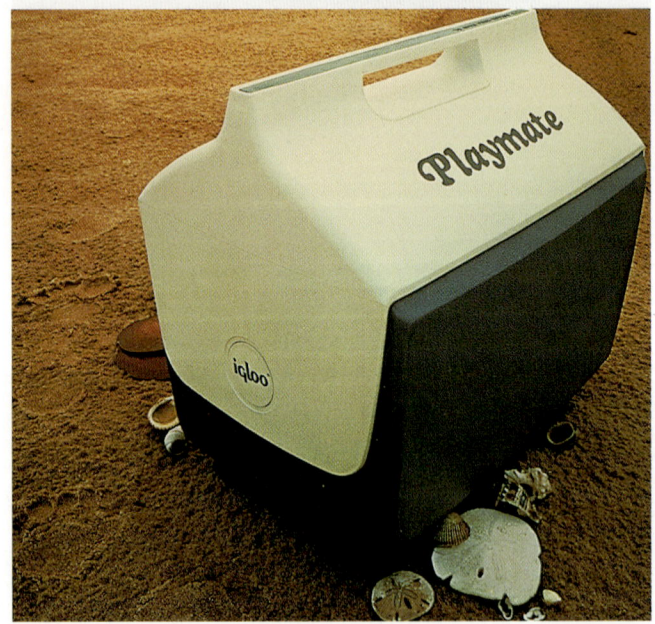

이글루(Igloo)
플레이매트 아이스박스
(Playmate cooler)
M. 폴헤무스(M. Pohemus)

트림라인 전화기(TrimLine phone)
1964년, AT&T
돈 엠 제나로(Don M. Genaro), 헨리 드레이퓌스 어소시에이츠(Henry Dreyfuss Associates)

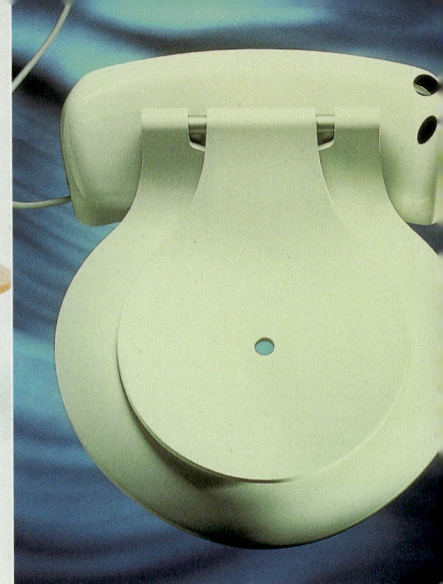

하나 데스크(Hannah desk)
1990, 놀 가구회사(Knoll)
브루스 하나(Bruce Hannah)

죠 워쉴레트(Zoe Washlet) 변기 세트
토토(Toto), 1995
아이쉐 버셀(Ayse Birsel)

옥소(OXO)의 좋은 손잡이(Good Grips)
다빈 스토웰(Davin Stowell), 터커 비마이스터(Tucker Viemeister),
마이클 칼라하나트(Michael Calahanat)
스마트 디자인(Smart Design)

폴록 의자(Pollock chair)
놀 가구회사(Knoll), 1965
찰스 폴록(Charles Pollock)

파드(Pod) 귀걸이
1984, 테드 뮬링(Ted Meuhling)

시티 서비스 주유소(Cities Service gas station)
1960, 돈 엠 제나로(Don M. Genaro)

시트로엥(Citroen)-N2:
(디자인 제안)
1986, 칼 엘 올슨
(Carl L. Olsen)

유명인들의 홀(Hall of Faces)
홀로코스트 박물관(Holocaust Museum),
워싱턴 D.C
1993, 랄프 애플밤(Ralph Appelbaum)

남베(Nambe) 나선형 촛대
1999
린다 셀렌타노(Linda Celentano), 리사 스미스(Lisa Smith)

테이프 디스펜서
놀(Knoll), 1990
브루스 하나(Bruce Hannah),
아이쉐 버르셀(Ayse Birsel)

브랙 앤 데커(Black & Decker)
무선 잔디 깎기
1993
로버트 섬머스(Robert Somers)

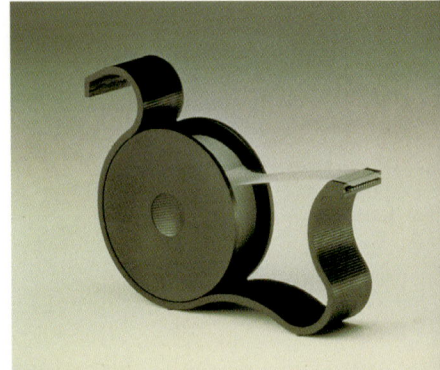

트랜지션(Transition) 디 웨어 도자기
1967
제럴드 굴로타(Gerald Gulotta)
블록 차이나 코퍼레이션(Block China Corporation)

아치 플랫웨어(Arch flatware)
퀴진 쿡웨어(Cuisine Cookware)
죠지 슈미트(George Schmidt)

한국전쟁 참전용사 기념관 벽화
(Korean Veterans Memorial)
1995, 루이스 넬슨
(Louis Nelson)

퀴진아트(Cuisinart)
1978, 마크 해리슨
(Mark Harrison)

조명기구
1990, 피터 바나(Peter Barna)

질레트 프로맥스 컴팩트 헤어 드라이어(Gillette Promax)
1978, 모리슨 코진스(Morison Cousins),
마이클 코진스(Michael Cousins)

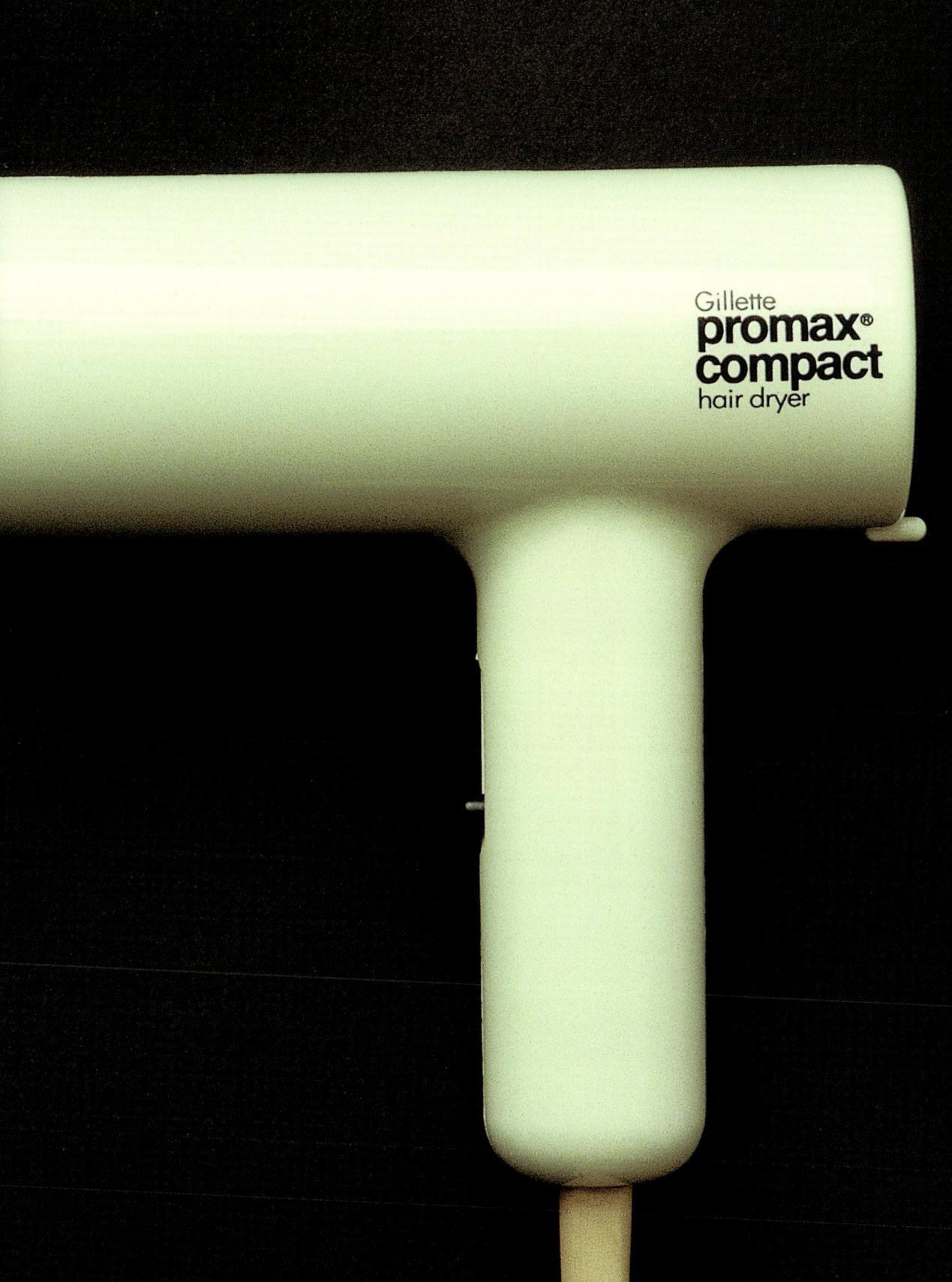

"예술가는 근본적으로 시각적인 사람이다. 나는 항상 순수 예술가, 그래픽 디자이너, 산업디자이너, 건축가가 고려하는 기본적인 시각적 관계는 본질적으로 차이가 없다고 믿어왔다. 차이가 있다면 각각 처해진 상황에 따라 요구되는 시각적 구성에 대한 복합성의 정도에 있는 것이다. 그 외의 차이는 각 분야의 기술과 재료에 있을 뿐이다. 거기에는 이 모든 분야를 위한 적절한 시각적 훈련 방법이 있다고 나는 확신한다. 그것은 시각적 표현의 구성을 위한 구조와 지시 사항이 될 수 있는 매우 흥미진진한 개념을 토대로 한다."

이 책은 1982년 로웨나 리드에게 수여된 국립 미술재단 기금(NEA)으로 시작되었다.

이 책이 출판이 되기까지 그녀의 제자들과 동료들이 보여준 헌신적인 노력에 감사를

표한다. 책의 디자인은 터커 비마이스터와 쎄스 콘

드가 맡아주었다. 의심할 여지 없이, 이 책을 통해

로웨나는 다시금 어떠한 변화를 일으킬 것이다.